# Die Insignien der Macht

Infoblatt

*Der Pharao galt, wie ich sc... ...er Götter. Er stand unter meinem besonderen Schutz und hieß deshalb auch „Horus im Palast“.*
*Von Anfang an trugen die Könige Ägyptens Zeichen, die sie als uneingeschränkte Herrscher auswiesen und ihren göttlichen Machtanspruch unterstrichen. Die Könige hielten verschiedene Zepter in den Händen und trugen je nach Anlass ein kostbares Kopftuch oder prächtige Kronen. Als göttliche Beschützerinnen des Pharao galten die oberägyptische Geiergöttin Nechbet und die unterägyptische Schlangengöttin Wadjet. Sie verkörperten die beiden Landesteile und verteidigten den Herrscher gemeinsam. In der folgenden Übersicht kannst du Interessantes über die Herkunft und Bedeutung der wichtigsten Insignien ägyptischer Pharaonen erfahren.*

| | | | |
|---|---|---|---|
|  | **Descheret**<br>rote Krone, Symbol der Herrschaft über Unterägypten |  | **Königsbart**<br>künstlicher Kinnbart, der dem Pharao bei feierlichen Anlässen umgebunden wurde |
|  | **Hedjet**<br>weiße Krone, Symbol der Herrschaft über Oberägypten |  | **Heqat**<br>goldenes Zepter in Form eines gekrümmten Hirtenstabes; der Pharao galt als oberster Hirte seines Volkes |
|  | **Sechemti**<br>Doppelkrone, Herrschersymbol über Ober- und Unterägypten |  | **Nechacha**<br>goldene Geißel, Symbol der Autorität |
|  | **Chepresch**<br>blaue Krone, Kriegshelm des Pharao |  | **Nechbet**<br>die Geier-Göttin, Kronengöttin für Oberägypten |
| 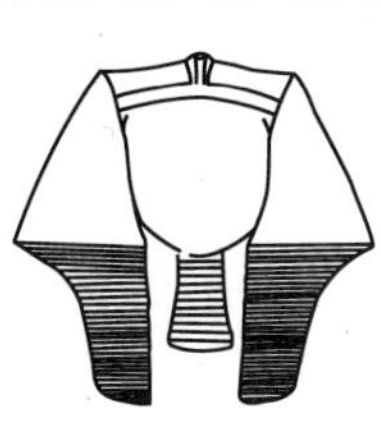 | **Nemes**<br>Königskopftuch, dessen Enden vorne über die Schultern fielen und hinten auf dem Rücken zusammengebunden waren |  | **Wadjet**<br>die Kobra-Göttin, Kronengöttin für Unterägypten |

*© Hildesheim, Roemer- und Pelizaeus-Museum*

# Die Insignien der Macht

Arbeitsblatt

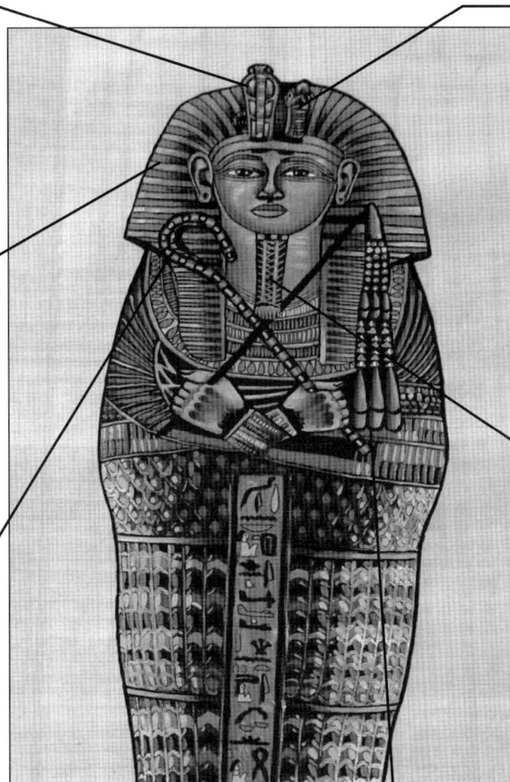

## Aufgaben

- Setze mit Hilfe der Übersicht auf dem Infoblatt die Namen der königlichen Insignien ein.
- Vier der Insignien königlicher Macht sind auf dem Foto nicht zu sehen. Findest du sie auf anderen Abbildungen ägyptischer Herrscher?
- Ergänze die folgende Übersicht:

| | | | |
|---|---|---|---|
|  | **Descheret**<br>________ Krone, Symbol der Herrschaft über<br>________________________ |  | **Hedjet**<br>________ Krone, Symbol der Herrschaft über<br>________________________ |
|  | **Sechemti**<br>________________________,<br>Herrschersymbol über Ober- und Unterägypten |  | **Chepresch**<br>__________ Krone,<br>Kriegshelm des Pharao |

*© Hildesheim, Roemer- und Pelizaeus-Museum*

# Lotto-Spiel: Ägyptische Gottheiten

Arbeitsblatt (2)

| | | | |
|---|---|---|---|
| Schöpfergott, der sich aus dem Gewässer des Urchaos selbst erschuf. Er erscheint als Mann mit Doppelkrone oder als Schlange. | Himmelsgöttin, die als Frau dargestellt wird, deren Körper sich himmelsgleich über die Erde beugt. Entlang ihrem Körper wandern die Sterne und die Sonne. | Gott der Erde, Bruder und Gemahl der Nut. Er liegt oft ausgestreckt auf dem Boden mit einer Gans als Erkennungszeichen. Manchmal trägt er eine rote Krone auf dem Kopf. Seine Kinder sind Osiris, Isis, Seth und Nephtys. | Gottheit in Gestalt einer Mumie, Herrscher über die Toten, Bruder und Gemahl der Isis, Vater des Horus. Er trägt eine weiße, mit zwei Federn geschmückte Krone. In den Händen hält er Krummstab und Geißel. |
| Gemahlin und Schwester des Osiris, Mutter des Horus. Sie wird meist als Frau mit einem Thron als Kopfschmuck dargestellt. Manchmal trägt sie auch Kuhhörner und eine Sonnenscheibe auf ihrem Kopf. | Gott des Himmels und Beschützer des Pharaos. Sohn der Isis und des Osiris, oft als kleines Kind dargestellt. Als Erwachsener erscheint er als Falke oder als menschliche Gestalt mit Falkenkopf. Er trägt die Doppelkrone Ober- und Unterägyptens. | Schwester und Helferin der Isis, Gattin des Seth, Mutter des Anubis. Sie wird als Frau mit einem Haus und einem Korb darauf als Kopfschmuck dargestellt. | Stifter von Chaos und Unfrieden, Gott der Stürme und der Wüste, Gemahl der Nephtys, Bruder und Mörder des Osiris, Gegner des Horus. Er erscheint als tierköpfiger Mensch oder als Tier mit langer Schnauze und eckigen Ohren. |
| Gott der Weisheit, Erfinder der Wissenschaften und der Schrift, Helfer der Toten bei ihrer Reise durch die Unterwelt. Er wird als Pavian, als Ibis oder als ibisköpfiger Mensch dargestellt. | Totengott, Sohn der Nephtys. Er überwacht das Einbalsamieren und die Mumifizierung und beschützt die Mumie. Er erscheint in der Gestalt eines Schakals oder eines Mannes mit einem Schakalkopf. | Göttin der Ordnung, Wahrheit und Gerechtigkeit. Sie wird als Feder oder als Frau mit einer Feder als Kopfschmuck dargestellt. Manchmal sind auch ihre Arme gefiedert wie die Flügel eines Vogels. | Sonnengott, der den Himmel bei Tag in einer Sonnenbarke überquert. Tagsüber erscheint er als Falke mit einer Sonnenscheibe auf dem Kopf, um die sich eine Kobra schlängelt. In der Unterwelt tritt er als widderköpfiger Gott auf. |
| Göttin der Freude, der Liebe, der Musik und des Tanzes, Tochter des Re, Gemahlin des Horus. Sie wird als Kuh, als Frau mit breitem Gesicht und Kuhohren oder als Frau mit einem Kopfschmuck aus Kuhhörnern und Sonnenscheibe dargestellt. | Gott des Nils und der Fruchtbarkeit, einer der vier Söhne des Horus. Er trägt Papyrus oder Lotus auf dem Haupt, hat einen dicken Bauch und herabhängende Brüste. Seine Haut ist blaugrün wie das Nilwasser. Oft hält er ein Tablett mit Speisen in den Händen. | König der Götter, der mit dem Sonnengott Re zum mächtigen Gott Amun-Re verschmilzt. Er wird meistens als Mensch dargestellt, der eine doppelte Federkrone auf dem Kopf trägt. | Sonnengott und einziger Gott während der Regierungszeit des Pharao Echnaton. Er wird als Sonnenscheibe abgebildet, deren Strahlen in Händen enden, von denen einige das Anch-Kreuz als Zeichen des Lebens halten. |

## Aufgabe

Schneide die Textkarten mit den Beschreibungen der Götter sorgfältig entlang der gestrichelten Linien aus.

# Lotto-Spiel: Ägyptische Gottheiten

Arbeitsblatt (1)

## Lotto-Feld 1

| | | | |
|---|---|---|---|
|  ATUM | 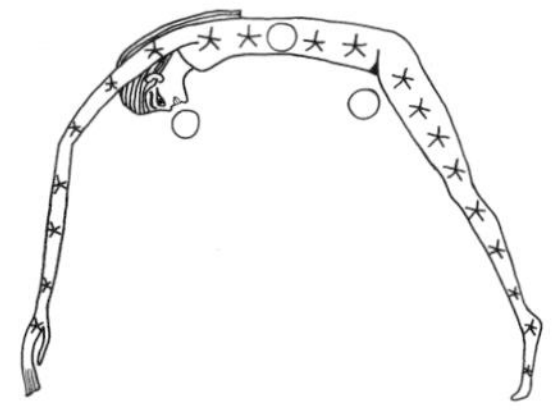 NUT | 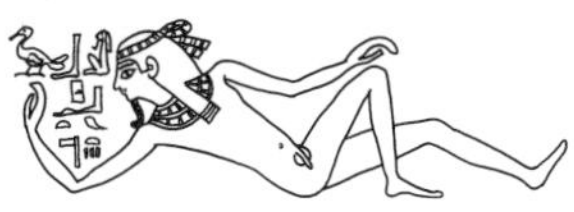 GEB |  OSIRIS |
|  ISIS |  HORUS |  NEPHTYS |  SETH |

## Lotto-Feld 2

| | | | |
|---|---|---|---|
|  THOT |  ANUBIS |  MAAT |  RE |
|  HATHOR |  HAPI |  AMUN | 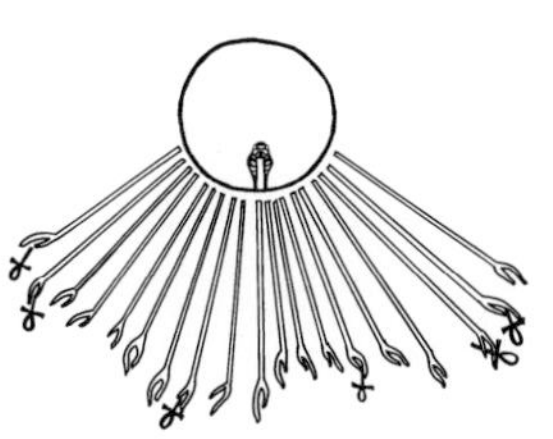 ATON |

**Aufgabe**

Schneide die beiden Lotto-Felder sorgfältig aus.

# Lotto-Spiel: Ägyptische Gottheiten

Infoblatt

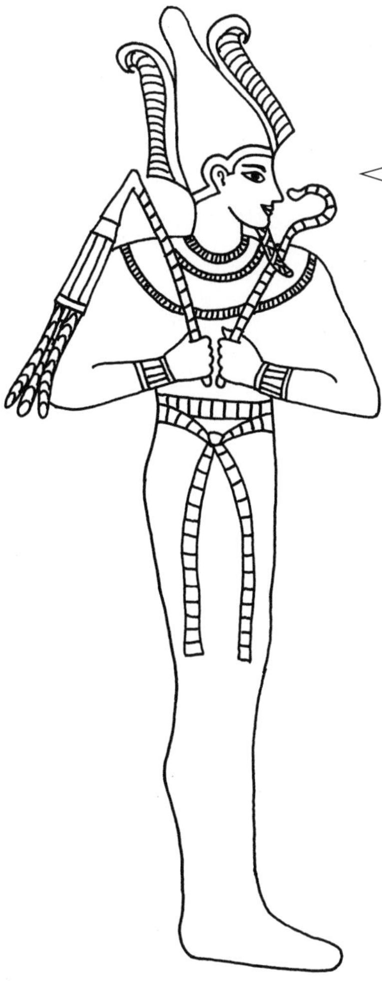

*Im alten Ägypten wurden alle Bereiche des Lebens in der Welt der Götter widergespiegelt. So gab es zum Beispiel einen Erdgott und eine Himmelsgöttin, einen Gott der Weisheit und eine Göttin der Gerechtigkeit. Natürlich bekam auch ein so wichtiger Fluss wie der Nil seinen eigenen Gott. Außerdem verehrten die Menschen in den unterschiedlichen Teilen des Landes besondere, regionale Gottheiten. So entstanden Hunderte von Göttern und Göttinnen. Sie konnten menschliche oder tierische Gestalt annehmen. Oft erschienen sie auch als Mischwesen mit menschlichem Körper und Tierkopf. Kennst du denn meinen Namen schon? Richtig, ich bin Osiris, der Herrscher über das Reich der Toten. Wenn du mich und einige andere ägyptischen Götter genauer kennen lernen willst, dann spiele doch einfach das Götter-Lotto! Die Spielregeln kannst du hier unten nachlesen. Du brauchst nur noch einen Spielpartner.*

*Osiris*

## Spielregeln

- Beide Spieler bekommen ein Lotto-Feld.
- Die Textkarten werden verdeckt auf einen Stapel gelegt.
- Ein Spieler deckt die erste Textkarte auf und liest vor.
- Wer zuerst auf das passende Götterbild klopft, bekommt die Textkarte und darf die nächste Karte vorlesen.
- Sieger ist, wer zuerst sein Lotto-Feld richtig mit den Textkarten abgedeckt hat.

## Lösung

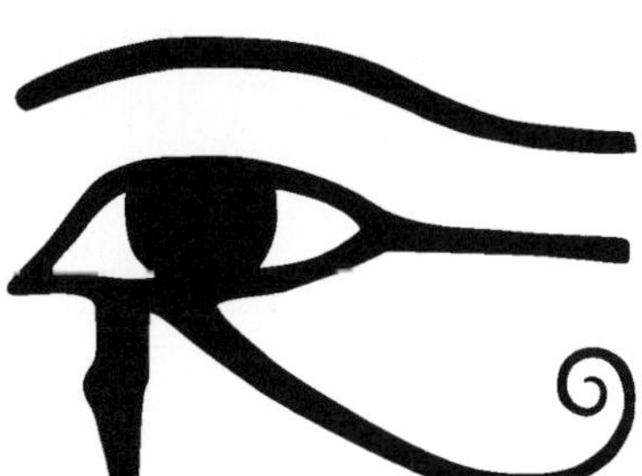

*Udjat-Auge*

Wenn du alle Textkarten richtig auf dein Lotto-Feld gelegt hast, erscheint vor dir das Auge des Horus, auch „Udjat Auge" genannt. Es war im alten Ägypten ein magisches Zeichen für „Unversehrtheit" und „Gesundheit". Aus diesem Grund wurde es oft als Schutz bringendes Amulett verwendet.

# Die Mumifizierung

Infoblatt

*Anubis*

*Die alten Ägypter glaubten, dass für das Weiterleben im Jenseits die Erhaltung des irdischen Körpers notwendig sei. Nur wenn die Seele des Verstorbenen immer wieder in einen gut erhaltenen Körper zurückkehren könne, sei ewiges Leben möglich. Ursprünglich wurden die Toten einfach im Wüstensand begraben, wo ihr Körper austrocknete und auf natürliche Weise konserviert wurde. Doch die Mächtigen des Reiches legten immer mehr Wert auf große und prächtige Grabmäler. Die Mitglieder der königlichen Familien wurden zunächst in quaderförmigen Mastabas, dann in Pyramiden und später in Felsengräbern beigesetzt. Ihre Körper kamen nicht mehr mit dem Wüstensand in Berührung und mussten nun durch die Kunst der Mumifizierung für die Ewigkeit bewahrt werden. Der Körper der Verstorbenen durchlief bei der Mumifizierung acht Stationen.*

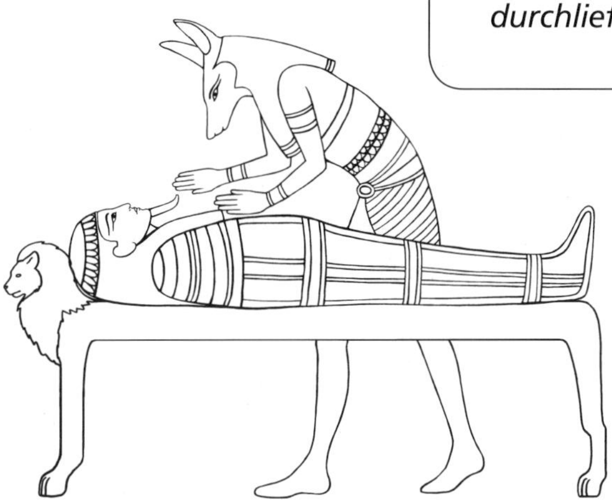

*Einbalsamierer mit der Maske des Anubis*

Der Einbalsamierer trägt die Maske des Anubis und beugt sich über die Mumie des Sennedjem. Die Mumie liegt noch auf dem Balsamierungstisch. Er ist in der Form eines Löwen gestaltet. Der stehende Löwe galt als Symbol für Schutz und Abwehr.

## Aufgabe

Eine genaue Beschreibung der Mumifizierung und viele interessante Bilder findest du auf dem Leporello, das du mit Hilfe der Arbeitsblätter 1 und 2 selbst basteln kannst. Schneide die Streifen an den durchgehenden Linien aus, und klebe sie zusammen. Nun kannst du das Leporello an den gestrichelten Linien falten und die acht Stationen der Mumifizierung über den Bildern eintragen.

Achtung! Die Reihenfolge ist leider etwas durcheinandergeraten:

- ☥ Empfang im „Schönen Haus“
- ☥ Die Läuterung des Körpers
- ☥ Die Mumienmaske
- ☥ Das Austrocknen des Körpers
- ☥ Das Bandagieren
- ☥ Die Entnahme der inneren Organe
- ☥ Das Mundöffnungsritual
- ☥ Das Einbalsamieren

# Die Mumifizierung

Arbeitsblatt (1)

| | | | |
|---|---|---|---|
| **Die Mumifizierung**<br><br>Vorbereitung auf das ewige Leben im Jenseits | 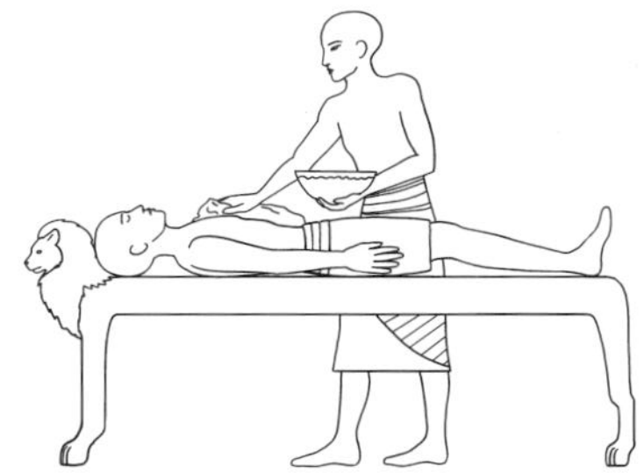 | Der Leichnam wird zum „Ort der Läuterung“ am Westufer des Nils gebracht. Dort wird er mit einer Natronlösung gewaschen. Natron ist ein Bodensalz, das in der Westwüste Ägyptens vorkommt. Es wirkt keimtötend und entwässernd. | *Klebelasche* |
|  | Der oberste Balsamierer mit dem Titel „Herr der Geheimnisse“ empfängt den gesäuberten Leichnam im „Schönen Haus“, dem Ort der Einbalsamierung. Er trägt eine Schakalmaske, die ihn als Helfer des Anubis, des Gottes der Einbalsamierung ausweist. | 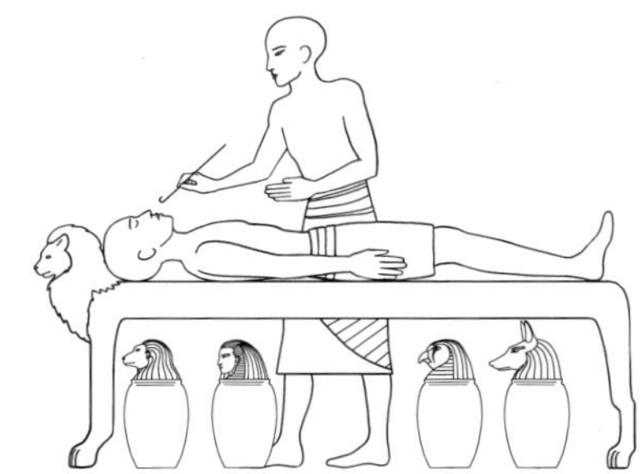 | *Klebelasche* |
| Mit einem Bronzehaken wird das Gehirn durch die Nase entfernt und weggeworfen. Das Herz verbleibt im Körper. Es muss beim Totengericht über die Taten des Verstorbenen Auskunft geben. Magen, Darm, Lunge und Leber werden entnommen, in Natron getrocknet und dann einbalsamiert. Jedes Organ wird in einem eigenen Kanopenkrug aufbewahrt und mit der Mumie bestattet. | 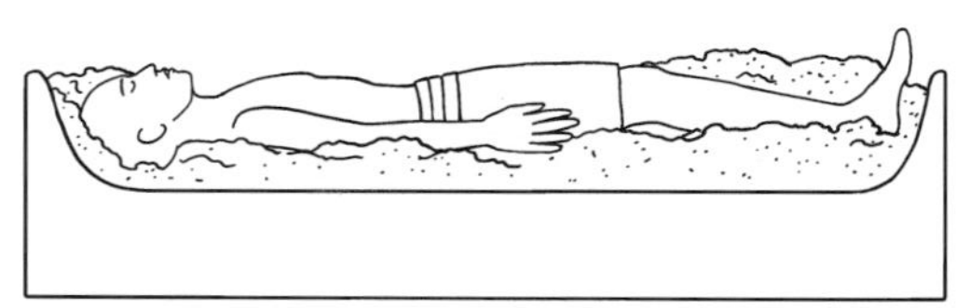 | Der Leichnam wird 40 Tage lang mit Natronsalz bedeckt. Durch den Trocknungsvorgang ist er danach dunkel und um 75% leichter. Nun wird der Körper mit Sägemehl, Harz und Leintüchern ausgestopft, damit er seine Form behält. | *Klebelasche* |

# Die Mumifizierung

Arbeitsblatt (2)

© Verlag an der Ruhr • Postfach 10 22 51 • 45422 Mülheim an der Ruhr • www.verlagruhr.de • ISBN 978-3-8346-0565-8

| | | | |
|---|---|---|---|
| 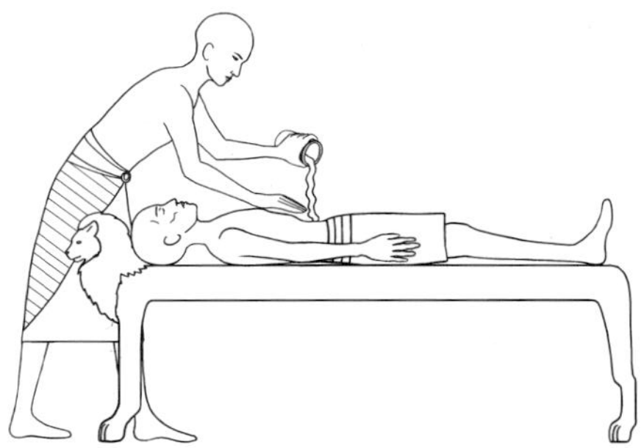 | Nun wird der Leichnam mit Zedernöl, Bienenwachs, Gewürzen und Wein einbalsamiert. Zum Schluss wird Harz aufgetragen, damit die Mumie wasserfest und hart wird. | 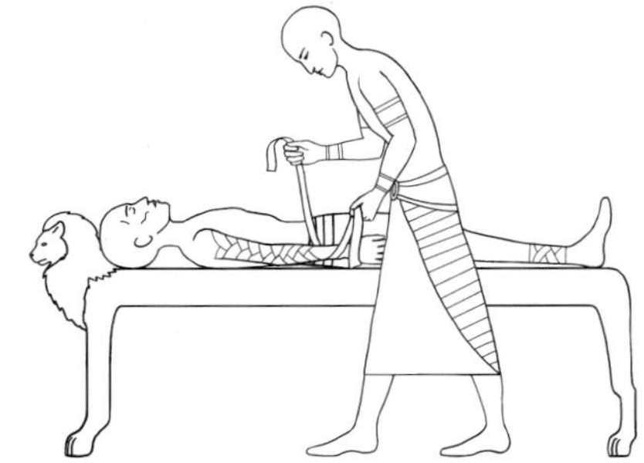 | *Klebelasche* |
| Der Körper des Toten wird sorgfältig mit Leinenbinden umwickelt. Das Bandagieren dauert 15 Tage. Es werden bis zu 4800 m Leinenbinden benötigt. Schützende Amulette wie der Skarabäus oder das Auge des Horus werden mit eingearbeitet. Ein Priester trägt magische Formeln vor, die den Toten auf seiner Reise ins Jenseits vor Unheil bewahren sollen. | 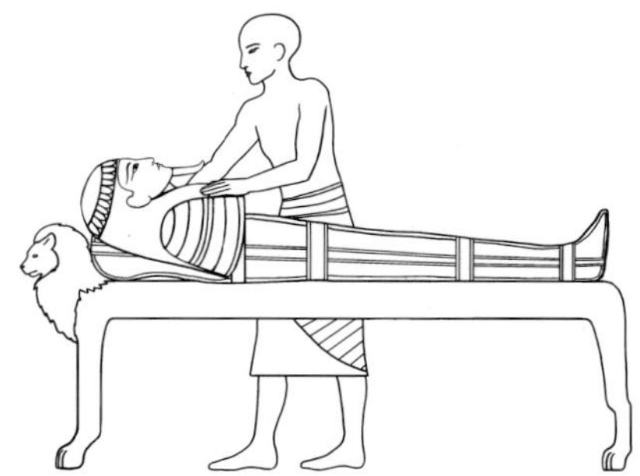 | Eine Maske bedeckt Kopf und Schultern der Mumie. Königliche Mumienmasken sind aus Gold und Edelsteinen gearbeitet. Die Masken der Vornehmen werden aus Leinen oder Papyrus hergestellt und mit Gips verstärkt. Diese Masken können dann vergoldet oder prächtig bemalt werden. | *Klebelasche* |
| 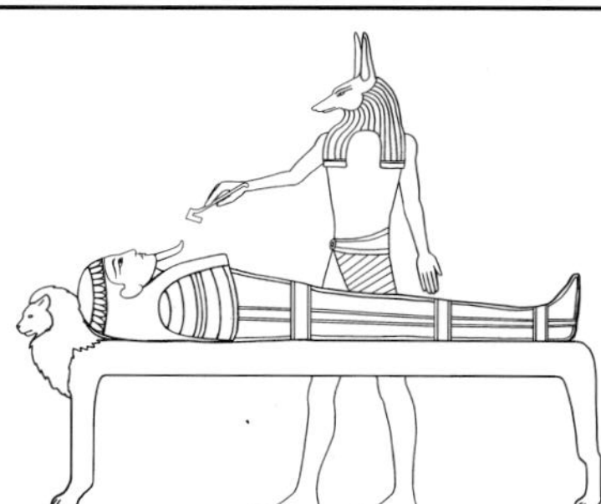 | Beim Mundöffnungsritual berührt ein Priester Mund, Augen, Ohren und Nase der Mumie mit magischen Werkzeugen. Nun kann der Verstorbene im Jenseits wieder essen, sprechen, sehen, hören und atmen. Die Mumie wird in einen oder mehrere ineinander geschachtelte Särge gelegt und feierlich beigesetzt. | **Die Bestattung der einfachen Leute** Die große Mehrheit der Bevölkerung konnte sich eine Mumifizierung nicht leisten. Die meisten Menschen wurden in Gräbern am Rande der Wüste bestattet. Im heißen und trockenen Sand dörrten ihre Körper schnell aus und blieben manchmal besser erhalten als die Mumien der Reichen. | *Klebelasche* |

# Die Papyruspflanze

Infoblatt

© Dieter Schütz/PIXELIO

*Papyruspflanze*

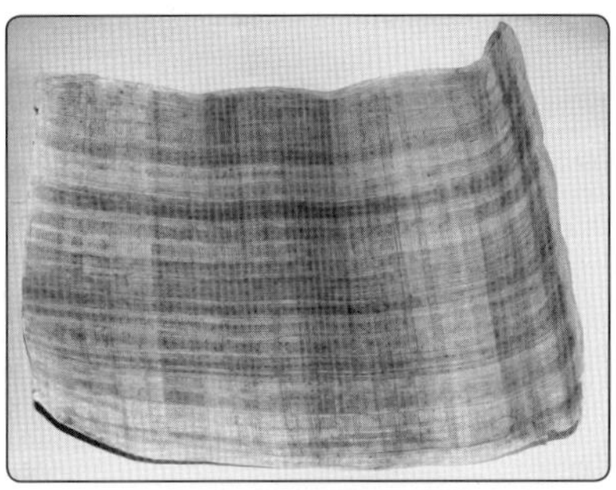

*Papyrus als Schreibmaterial*

© Jose Ignacio Soto – Fotolia.com

*Papyrusstrauß*

© timurk – Fotolia.com

*Papyrusboot*

**Die Papyruspflanze**

In den ausgedehnten Sumpfregionen des Nildeltas wächst die Papyruspflanze seit Jahrtausenden üppig im Nilschlamm. Der dreieckige Papyrusstängel wird bis zu 6 Meter hoch und trägt an der Spitze eine Dolde.

**Papyrus als Schreibmaterial**

Unser Wort „Papier“ kommt von „Papyrus“, dem Schreibmaterial, das die alten Ägypter aus der Papyrusstaude herstellten. Die Griechen nannten das Schreibmaterial „pápyros“, nach dem ägyptischen Ausdruck „pa-en-per-aa“, was „das des Pharaos“ bedeutet. Zu pharaonischer Zeit war die Herstellung von Papyrus ein staatlich geschütztes Monopol. Entsprechend wertvoll war dieses Schreibmaterial. Es wurde nur von geschulten Schreibern und für besonders wichtige Texte verwendet.

**Die kulturelle Bedeutung der Papyruspflanze**

Die Menschen brachten den Göttern Papyrussträuße als Opfer dar. Das Bild eines Papyrusstängels wurde zum Hieroglyphenzeichen für „grün“. Eine stilisierte Papyruspflanze war das Zepter ägyptischer Göttinnen. Die Form der Pflanze diente als Vorbild für steinerne Säulen, die Decken von Tempeln und Gräbern trugen.

**Weitere Verwendungsmöglichkeiten für Papyrus**

Aus den Stängeln der Papyruspflanze fertigte man Boote, Seile, Körbe und Sandalen. Der Papyrussaft wurde getrunken und die zarten unteren Teile der Stängel als Gemüse verzehrt.

## Tipp

Wenn du Papyruspflanzen selbst ansäen oder Papyrus selbst herstellen möchtest, dann informiere dich unter www.pgi-shop.de. Dort kannst du für deine Klasse Papyrussamen und Materialboxen zur Herstellung von Papyrus bestellen.

# Die Papyruspflanze

Arbeitsblatt

**Wozu verwendeten die Ägypter die Papyruspflanzen?**

© Oliver Lenz – Fotolia.com

| | | | | | | | | | | | |
|---|---|---|---|---|---|---|---|---|---|---|---|
| Q | L | B | U | Z | W | K | Ä | C | X | Y | S |
| U | G | E | M | Ü | S | E | P | U | K | M | C |
| C | K | C | G | N | S | R | E | N | S | Ö | H |
| K | G | T | V | B | B | O | O | T | E | Ä | R |
| H | S | E | K | R | H | F | P | L | I | Z | E |
| L | K | R | Ü | G | E | X | F | T | L | T | I |
| I | L | J | K | Ö | R | B | E | K | E | F | B |
| I | D | P | H | E | J | Z | R | N | D | Ü | B |
| Ö | L | Ö | W | S | R | Z | G | J | H | W | L |
| K | G | E | S | A | N | D | A | L | E | N | A |
| R | O | G | Y | F | F | H | B | G | B | J | T |
| J | T | Ä | T | T | K | G | E | O | K | S | T |

## Aufgaben

1. Lies das Infoblatt über die Papyruspflanze aufmerksam durch.
2. Suche im Buchstabenfeld die Namen von sieben Produkten, die aus Papyruspflanzen hergestellt wurden. Kreise die Wörter grün ein, und schreibe sie in die Wörterhäuser.

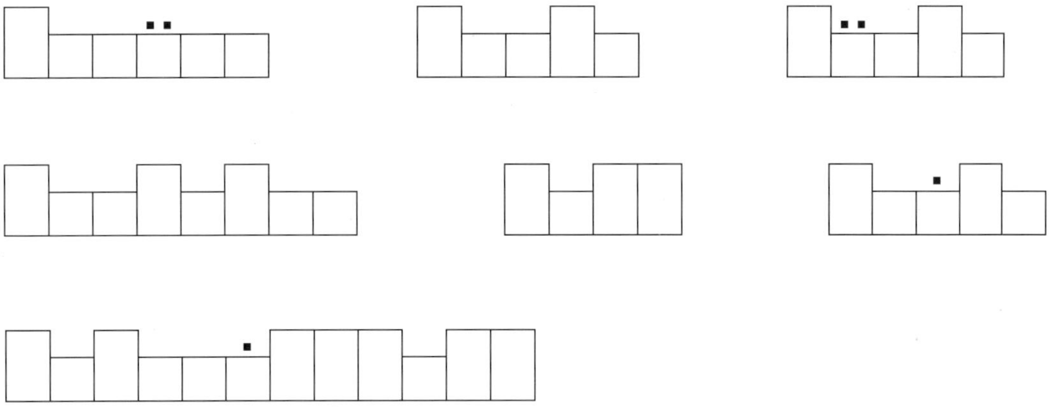

© Verlag an der Ruhr • Postfach 10 22 51 • 45422 Mülheim an der Ruhr • www.verlagruhr.de • ISBN 978-3-8346-0565-8

# Die Herstellung von Papyrus

Infoblatt

*Die Herstellung von Papyrus war aufwändig und unterlag der Aufsicht durch Beamte des Pharaos. Ich erkläre dir die Arbeitsschritte, die zur Herstellung dieses wertvollen Schreibmaterials notwendig waren.*

**Schritt 1:** *Die langen, dreikantigen Papyrusstängel werden in Stücke geschnitten. Bereits jetzt muss feststehen, wie groß die fertigen Papyrusbogen sein sollen, da die Länge der Papyrusstücke die spätere Länge und Breite des Papyrusblattes bestimmen.*

**Schritt 2:** *Die Stängelstücke werden geschält. Die grüne Außenhaut kann an Haustiere verfüttert werden. Nur das helle Papyrusmark wird weiterverwendet.*

**Schritt 3:** *Das helle Papyrusmark wird mit einem Messer sorgfältig in lange, dünne Streifen geschnitten.*

**Schritt 4:** *Die Papyrusstreifen werden in Wasser eingeweicht. Dadurch lösen sich klebrige Zuckerstoffe aus dem Pflanzenmark, die später dafür sorgen, dass die Streifen zusammenhalten.*

**Schritt 5:** *Auf einem Leinentuch werden die eingeweichten Papyrusstreifen zu einer Fläche zusammengelegt. Dabei müssen sich die einzelnen Streifen dachziegelartig überlappen.*

**Schritt 6:** *Nun wird über die erste Fläche eine zweite Lage Papyrusstreifen gelegt. Diese Streifen werden jedoch senkrecht zur ersten Lage angeordnet. Auch hier müssen sich die einzelnen Streifen dachziegelartig überlappen.*

**Schritt 7:** *Das sorgfältig gelegte Papyrusblatt wird mit einem Leinentuch abgedeckt.*

**Schritt 8:** *Leinentücher und Papyrus werden vorsichtig zwischen zwei Holzbretter gelegt, mit Steinen beschwert und mehrere Stunden lang gepresst.*

*© Oliver Lenz – Fotolia.com*

# Die Herstellung von Papyrus

Arbeitsblatt

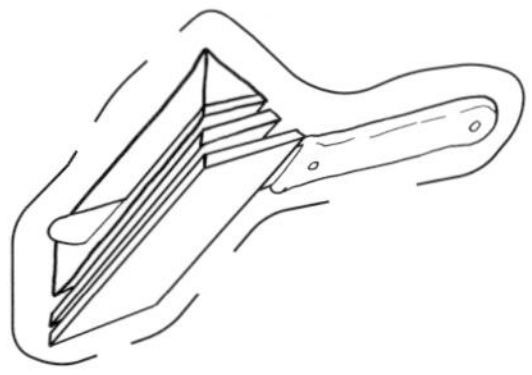

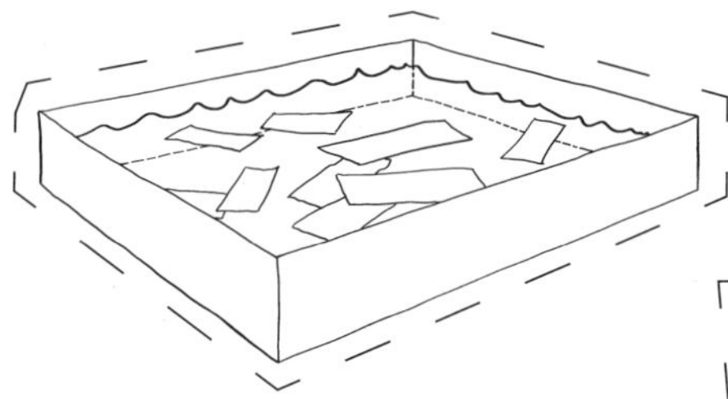

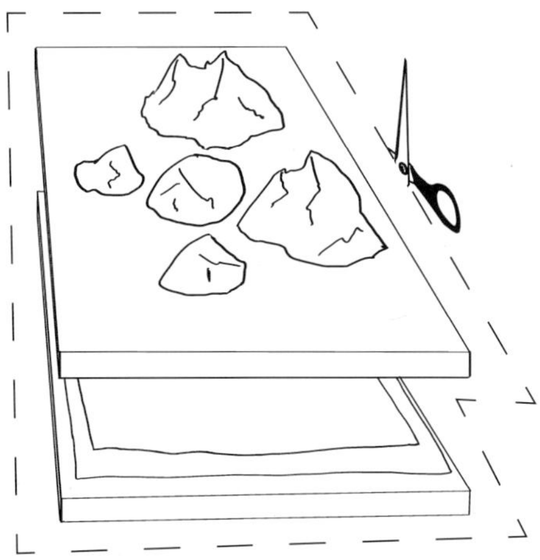

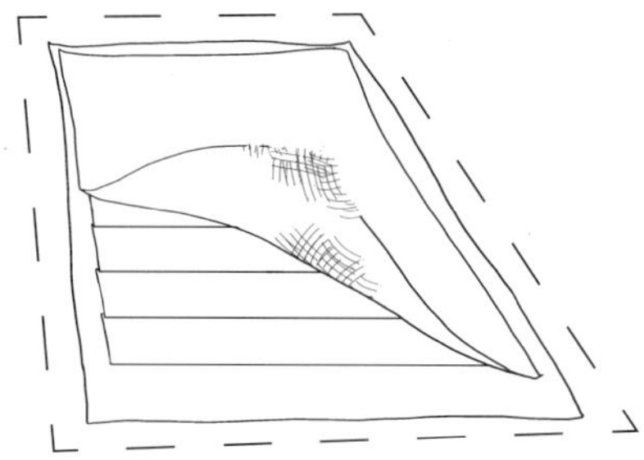

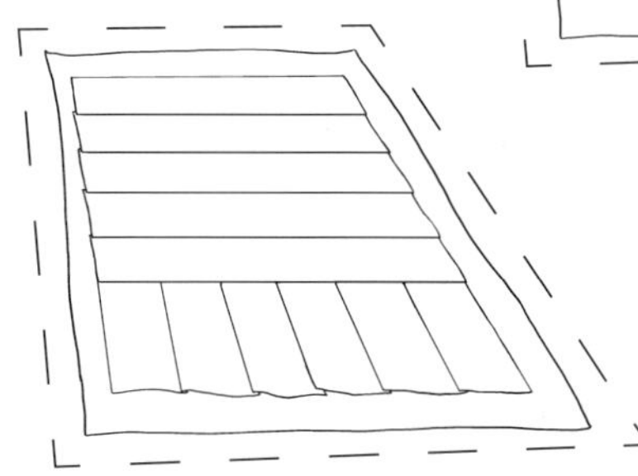

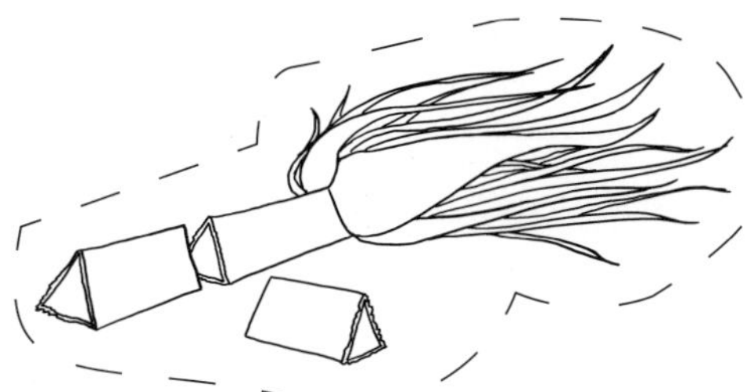

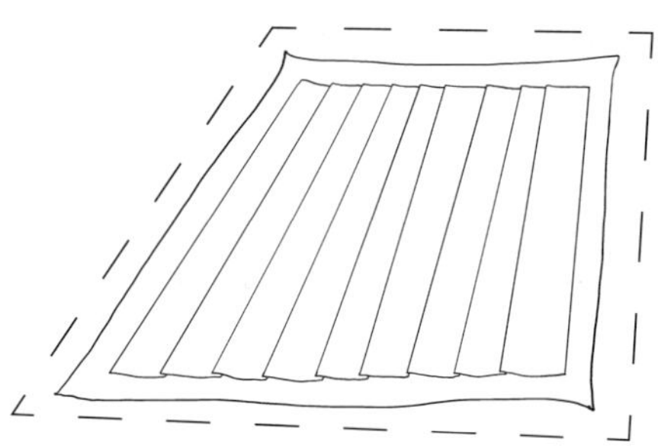

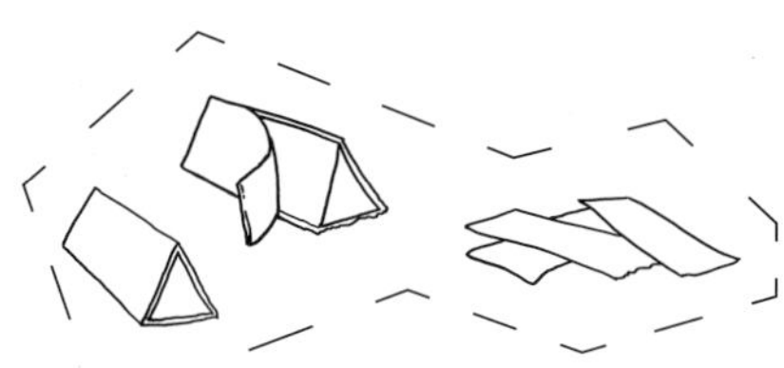

## Aufgaben

1. Schneide die Bilder über die Herstellung von Papyrus aus.
2. Ordne sie in der richtigen Reihenfolge. Auf dem Infoblatt zur Herstellung von Papyrus erklärt dir Thot die richtige Vorgehensweise Schritt für Schritt.
3. Klebe die Bilder untereinander auf ein Blatt, und notiere daneben in Stichpunkten die wichtigsten Arbeitsschritte bei der Herstellung eines Papyrusbogens.

## Tipp

Wenn du Papier aus Papyrus selbst herstellen möchtest, dann informiere dich unter www.pgi-shop.de. Dort kannst du Materialboxen zur Herstellung von Papyrus bestellen.

Ulrike Pierl

# Ägypten

Die Themen dieser Arbeitsmaterialien orientieren sich an den Vorgaben der amtlichen Lehrpläne für das **5. und 6. Schuljahr.** Die didaktisch-methodische Aufbereitung der Materialien ermöglicht einen **handlungsorientierten** und **fächerübergreifenden Zugang** zum Thema.

Verlag an der Ruhr

# Impressum

**Titel**
Ägypten
Geschichte aktiv!

**Autorin**
Ulrike Pierl

**Titelbildmotiv**
Titelbild Statue (Sphinx):
© www.fotowerk-hamburg.de/PHOTOCASE.com
Hintergrundmotiv:
© zerfe/PIXELIO

**Illustrationen**
Ulrike Pierl und Lisa Lenz

**Verlag an der Ruhr**
Mülheim an der Ruhr
www.verlagruhr.de

**Geeignet für die Klassen 5–6**

**Unser Beitrag zum Umweltschutz**
Wir sind seit 2008 ein ÖKOPROFIT®-Betrieb und setzen uns damit aktiv für den Umweltschutz ein. Das ÖKOPROFIT®-Projekt unterstützt Betriebe dabei, die Umwelt durch nachhaltiges Wirtschaften zu entlasten.
Unsere Produkte sind grundsätzlich auf chlorfrei gebleichtes und nach Umweltschutzstandards zertifiziertes Papier gedruckt.


**ISBN 978-3-8346-0565-8**

**Printed in Germany**

# Inhaltsverzeichnis

# Vorwort

**Liebe Schüler,***

das **alte Ägypten** übt bis heute eine große **Faszination** aus, und bestimmt bringt ihr auch bereits einige Vorkenntnisse über das Land am Nil mit.

Die Ägypten-Mappe soll dazu beitragen, euer Interesse und eure Lernfreude für dieses Thema zu erhalten und zu verstärken. Die Arbeit mit den darin enthaltenen Aufgaben soll euch dazu motivieren, euch über das **Land**, seine **Geschichte**, **Kulturleistungen** und **Bewohner** zu **informieren**, euch zum Staunen bringen und **begeistern**.

Die Aufgaben sind so formuliert, dass jeder weitgehend selbstständig und eigenverantwortlich mit den **Arbeitsblättern** arbeiten kann. Das nötige Hintergrundwissen erhaltet ihr auf **Infoblättern**, die im Klassenraum ausliegen und nach der Bearbeitung wieder zurückgelegt werden.
Die **Bearbeitung** der Materialien ist für einen Zeitraum von etwa **drei Wochen** bei einem Zeitaufwand von 45 Minuten pro Schultag ausgelegt.

Es bietet sich an, dass jeder von euch einen eigenen **Ägypten-Ordner** anlegt, den er individuell gestaltet und mit seinen Arbeitsergebnissen füllen kann.

Und nun wünsche ich euch viel Spaß und Erfolg bei der Reise ins alte Ägypten!

*Ulrike Pierl*

---

* *Aus Gründen der besseren Lesbarkeit haben wir in diesem Buch durchgehend die männliche Form verwendet. Natürlich sind damit auch immer Frauen und Mädchen gemeint, also Lehrerinnen, Schülerinnen etc.*

# Willkommen im alten Ägypten!

**Sei gegrüßt, fremder Zeitreisender!**
Willkommen im fernen Land am Nil, in der Zeit der Pyramiden und Pharaonen. Tauche ein in das Leben der alten Ägypter! Mögen dich die Götter Hapi, Horus, Osiris, Anubis, Thot und Isis auf deiner Reise führen und beschützen!

Ich bin **Hapi**.
Ich zeige dir das fruchtbare Land am Ufer des Nils.

Ich bin **Horus**.
Ich erzähle dir von den mächtigen Pharaonen und ihren berühmten Grabstätten.

Ich bin **Isis**.
Ich zeige dir, wie die Kinder und Erwachsenen im Alltag gelebt haben.

Ich bin **Osiris**.
Ich begleite dich durch das Reich der ägyptischen Götter.

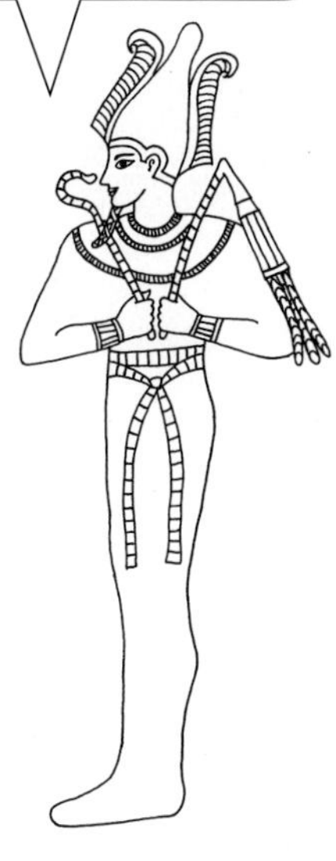

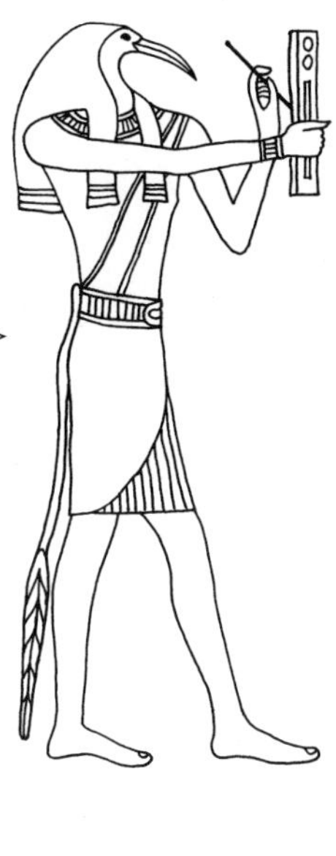

Ich bin **Thot**.
Von mir erfährst du etwas über die Schrift und die Zahlen der alten Ägypter.

Ich bin **Anubis**.
Ich weihe dich ein in die Geheimnisse der Mumifizierung und des Lebens nach dem Tod.

© Verlag an der Ruhr • Postfach 10 22 51 • 45422 Mülheim an der Ruhr • www.verlagruhr.de • ISBN 978-3-8346-0565-8

# Ägypten – eine Oase am Nil

Infoblatt (1)

*Ich, Hapi, bin der Gott, der nach dem Glauben der alten Ägypter jedes Jahr für die segensreiche Nilüberschwemmung sorgt. Die Menschen, die am Nil lebten, waren sich stets bewusst, dass der Fluss die Lebensader des Landes war, und brachten mir deshalb große Verehrung entgegen. Die Bedeutung des Nils fiel auch einem griechischen Schriftsteller auf, der das alte Ägypten bereiste und seine Eindrücke niederschrieb.*

## Ägypten – eine Oase am Nil

„Ägypten ist ein Geschenk des Nils", schrieb um 450 vor Christus der griechische Reisende Herodot. Tatsächlich wäre die frühe Hochkultur der Ägypter ohne das Leben spendende Wasser dieses Flusses nicht entstanden. Das Land besteht zu mehr als **90 Prozent** aus **Wüstengebieten**. Regen fällt im Süden fast nie, und auch im Norden sind die Niederschläge ohne große Bedeutung. Der **Nil durchfließt Ägypten von Süden nach Norden** auf einer Strecke von etwa 1000 Kilometern. Dann verzweigt er sich fächerförmig in **mehrere Flussarme** und mündet in einem großen **Delta ins Mittelmeer**. Das Land gleicht einer langgestreckten Flussoase inmitten zweier ausgedehnter Wüstengebiete. Westlich des Nils beginnt die **Sahara**, eine scheinbar endlose Sandwüste. Im Osten erstreckt sich eine **gebirgige Steinwüste** bis zum Roten Meer. Im Süden machte der erste Katarakt, ein Flussabschnitt mit gefährlichen Stromschnellen, den Nil für Schiffe unpassierbar.

© Deutsches Zentrum für Luft- und Raumfahrt (DLR)/NASA

*Flussoase und Wüstengebiete aus der Luft betrachtet*

Die Wüsten im Westen und Osten, das Mittelmeer im Norden und die insgesamt sechs Katarakte im Süden schirmten Ägypten von Einflüssen anderer Völker weitgehend ab. In dem fruchtbaren Land entwickelte sich eine stabile Gesellschaft, deren Staatsform und Kultur 3000 Jahre lang Bestand hatten.

# Ägypten – eine Oase am Nil

Infoblatt (2)

© Neuceu – Wikipedia.com

*Nillandschaft zwischen Luxor und Assuan*

## Geliebtes Land – schwarzes Land

„**TAMERI**“, geliebtes Land, so nannten die alten Ägypter ihre Heimat. Ein weiterer Name war „**KEMET**“, schwarzes Land, als Bezeichnung für die fruchtbaren Landstriche im Niltal und im Nildelta. Denn der Nil brachte den Ägyptern nicht nur Wasser, sondern während der jährlichen Überschwemmung auch nährstoffreichen dunklen Schlamm, der sich auf den Feldern ablagerte. Sich selbst bezeichneten die alten Ägypter als „**REMET EN KEMET**“, das Volk des schwarzen Landes. „**DESCHRET**“, rotes Land, war die altägyptische Bezeichnung für die Wüstengebiete westlich und östlich des Niltales. Die Griechen gaben dem Land am Nil den Namen „**AIGYPTOS**“, Land unterhalb der Ägäis. Die moderne Bezeichnung „Ägypten“ leitet sich von diesem griechischen Namen ab.

## Ober- und Unterägypten

Auf Grund der geografischen Gegebenheiten war Ägypten in zwei Teile gegliedert. In **Unterägypten** erstreckte sich das fruchtbare Land über die weite Fläche des Nildeltas. Die Küste im Norden gewährte Zugang zum Mittelmeer. In **Oberägypten** lebte die Bevölkerung auf einem schmalen Landstrich an den Ufern des Nils, umgeben von ausgedehnten Wüsten des afrikanischen Kontinents. In den beiden Gebieten entwickelten sich zunächst zwei voneinander unabhängige Königreiche. Um 3100 v. Chr. eroberte Narmer, ein König aus dem Süden, das Reich im Norden und einigte das Land. Er wurde zum ersten Pharao, zum „König von Ober- und Unterägypten“.

## Nubien

Zeitweise gehörte auch das im Süden gelegene Nubien zum Machtbereich ägyptischer Pharaonen. Als Zeichen seiner Herrschaft ließ Pharao Ramses II. in Nubien den Felsentempel von **Abu Simbel** erbauen.

© Irene Lehmann/PIXELIO

*Pyramiden und Sphinx von Giza*

## Ägyptens Hauptstädte

**Memphis** war die Hauptstadt Ägyptens im Alten Reich (2686 – 2181 v. Chr.). Sie wurde vom ersten Pharao Narmer an der Grenze zwischen Ober- und Unterägypten gegründet. Am Westufer des Nils ließen sich die Pharaonen Pyramiden als Grabstätten errichten. Die größte Pyramide wurde für Pharao Cheops in Giza gebaut. Dort befindet sich auch die berühmte Sphinx. Die Pharaonen des Mittleren Reiches (2055 – 1650 v. Chr.) setzten die Tradition des Pyramidenbaus am Westufer des Nils fort.

**Theben** war die Hauptstadt des Neuen Reiches (1550 – 1069 v. Chr.). Zu Ehren Amuns, des Königs aller Götter, wurde in Karnak die größte Tempelanlage der damaligen Zeit errichtet. Am gegenüberliegenden Ufer des Nils, im Tal der Könige, ließen sich die Pharaonen in prächtigen Felsengräbern bestatten.

**In Achet-Aton** residierten nur Pharao Echnaton und seine Gemahlin Nofretete (um 1360 v. Chr.). Achet-Aton lag in der Mitte des Landes zwischen Memphis und Theben. Nach dem Tod Echnatons wurde die Stadt zerstört und Theben wieder zur Hauptstadt erhoben.

Im Jahr 332 v. Chr. unterwarf Alexander der Große Ägypten und gründete an der Küste des Mittelmeeres die **Stadt Alexandria**.
Von 51 – 30 v. Chr. residierte und herrschte dort Kleopatra VII., die letzte Königin Ägyptens. Danach wurde das Land zu einer Provinz des Römischen Reiches.

# Ägypten – eine Oase am Nil

Arbeitsblatt (1)

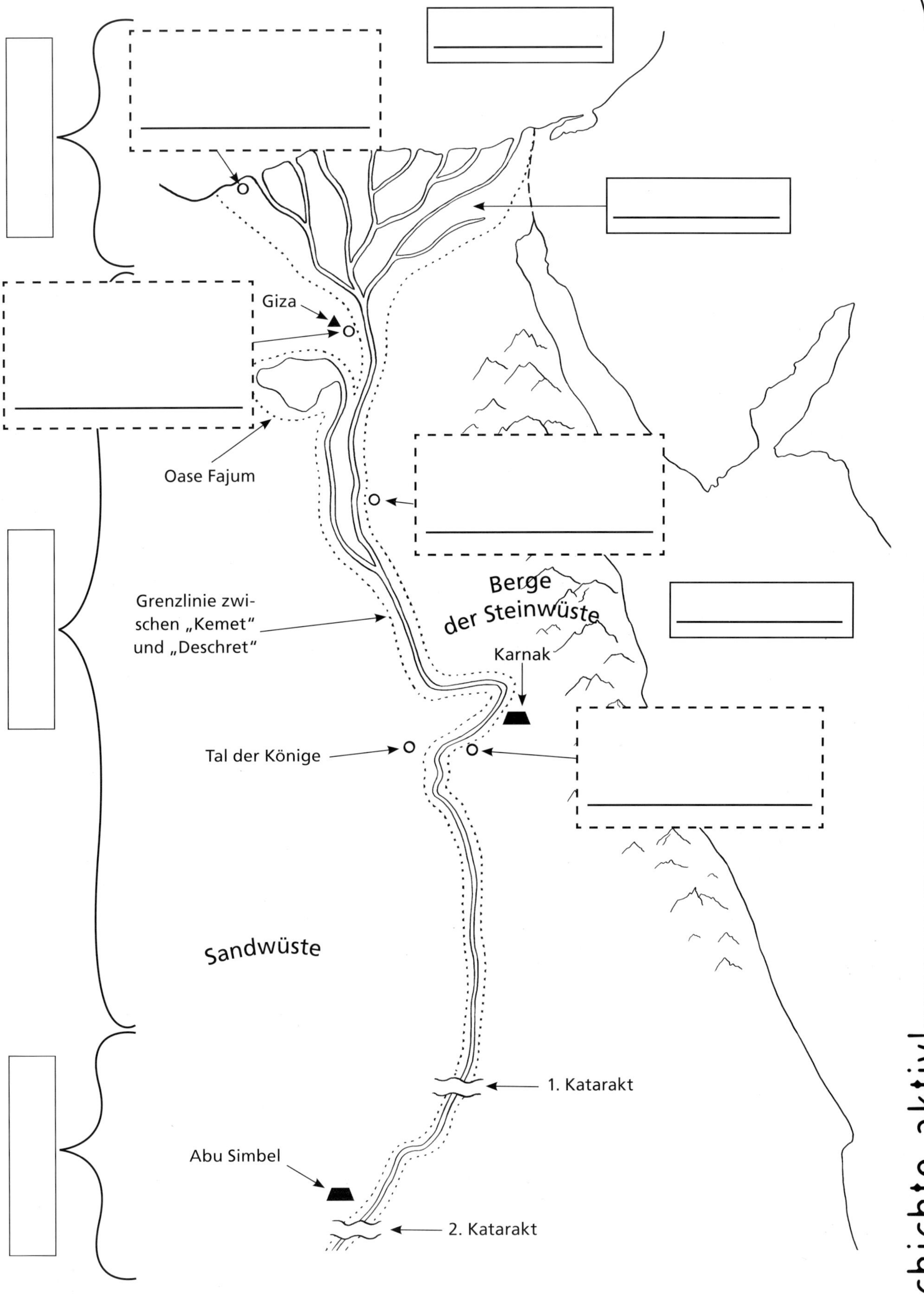

# Ägypten – eine Oase am Nil

Arbeitsblatt (2)

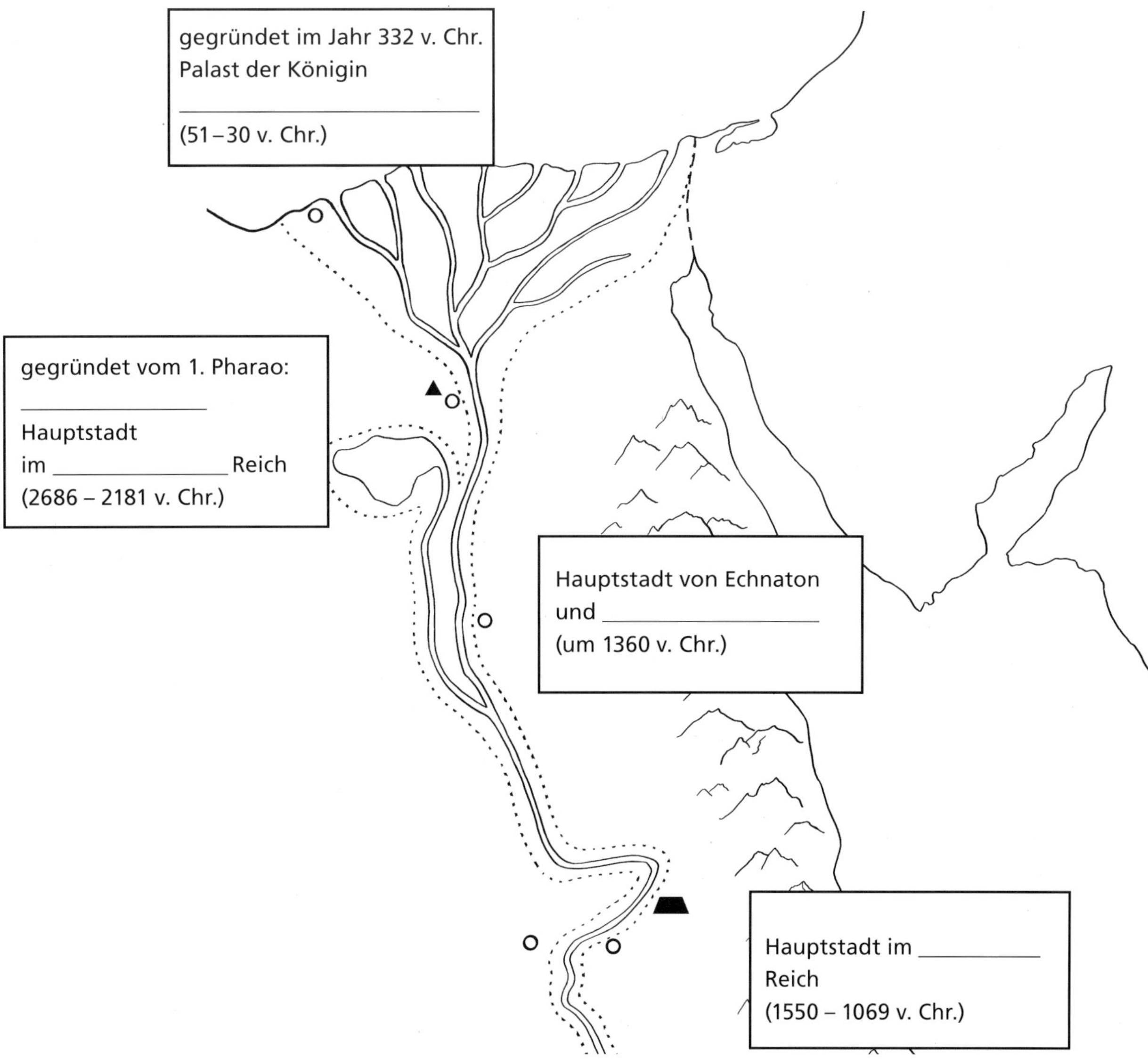


## Aufgabe

1. Lies die drei Infoblätter über das Land Ägypten aufmerksam durch.
2. Male die Ägyptenkarte auf Arbeitsblatt 1 aus:
   **blau:** *Gewässer*
   **grün:** *Kemet* (fruchtbares Land)
   **gelb:** *Deschret* (Wüste)
   **braun:** *Berge*
3. Trage richtig in die Karte ein: Rotes Meer, Mittelmeer, Nildelta
4. Trage die Namen folgender Städte in die Karte ein: *Memphis, Theben, Alexandria, Achet-Aton*
5. Schreibe die Namen der Landesteile in die entsprechenden Kästen auf der Karte: *Unterägypten, Oberägypten, Nubien*
6. Schneide die gestrichelten Fenster um die Städtenamen auf der Karte mit einem Cutter an drei Seiten ein. Klebe dann die Karte auf dieses Arbeitsblatt. Du kannst nun bei jeder Stadt ein Fenster öffnen und genauere Informationen über diese Stadt nachlesen. Ergänze vorher die fehlenden Wörter mit Hilfe des Infotextes.

# Die drei Jahreszeiten

Infoblatt (1)

## Der erste Tag des neuen Jahres

Bei der Einteilung des Jahres in verschiedene Jahreszeiten spielte der Nil eine wichtige Rolle. Die Ägypter hatten festgestellt, dass der Beginn der regelmäßig wiederkehrenden Überschwemmung mit dem ersten Erscheinen des Sirius, des hellsten Sternes im Sternbild Hund, am Morgenhimmel zusammenfiel. Dieser Tag galt als **Neujahrstag**. Nach unserer Monatseinteilung begann das ägyptische Jahr demnach mit dem **19. Juli**. Die erste Jahreszeit war die Zeit der Überschwemmung.

## Drei Jahreszeiten, zwölf Monate und fünf Schalttage

Die Ägypter unterschieden in Abhängigkeit von der Wassermenge, die der Nil mit sich führte, **drei Jahreszeiten** mit je **vier Monaten**. Die Jahreszeit der **Überschwemmung** wurde als „**achet**" bezeichnet. Darauf folgten „**peret**", die Zeit des **Wachstums** und „**schemu**", die Zeit der **Ernte**. Die Länge eines Monats ergab sich aus der Beobachtung des zunehmenden und abnehmenden Mondes. Zwischen zwei Neumonden lagen immer 30 Tage. Nach Ablauf von zwölf Monaten waren somit 360 Tage vergangen. Da bis zum nächsten Frühaufgang des Sirius noch fünf Tage fehlten, verlängerte man das Jahr um fünf Feiertage zu Ehren der Gottheiten Osiris, Horus, Seth, Isis und Nephtys. Für **ein Jahr** berechneten die Ägypter somit **365 Tage**. Dies ist bis in die heutige Zeit so geblieben.

© PGI/Pierl

*Bauernpaar während der Zeit der Ernte*

# Die drei Jahreszeiten

Infoblatt (2)

*Nilgott Hapi*

## Achet, Zeit der Überschwemmung

**Mitte Juli**, wenn Sirius am Morgenhimmel zu sehen war, begann die Zeit der Überschwemmung. Einer der beiden Quellflüsse des Nils, der blaue Nil, entspringt im Bergland Äthiopiens. Er schwemmt während der dortigen Regenzeit riesige Wassermassen in Richtung Norden. Die Flut überspülte die Felder im Niltal, brachte Feuchtigkeit und nährstoffreichen Schlamm für eine erfolgreiche Ernte. **Mitte September** erreichte der Nilpegel den Höchststand. In der Überschwemmung sahen die Ägypter das segensreiche Wirken des Nilgottes Hapi.

*Korn-Osiris*

## Peret, Zeit des Wachstums

Wenn sich die Wassermassen zurückzogen, feierten die Menschen ein Fest zu Ehren des Gottes Osiris. Er war der Schutzherr von „peret", der Zeit des Wachstums. Sie begann **Mitte November** und dauerte bis **Mitte März**. Die Felder wurden gepflügt, es wurde gesät und gepflanzt, die Tiere wurden auf die grünen Weiden getrieben. Als Sinnbild für die wiedererwachende Natur füllte man Tonformen in Gestalt des Osiris mit Erde und Getreidekörnern, begoss die Erde mit Wasser und ließ das Getreide keimen.

*Erntegöttin Renenutet*

## Schemu, Zeit der Ernte

Ende März wurde das Erntefest zu Ehren der schlangengestaltigen Göttin Renenutet, der Herrin des Fruchtlandes und der Scheunen, gefeiert. Die Ernte wurde in Vorratshäuser und Getreidespeicher eingelagert. Im **Mai** erreichte der Nil seinen Tiefststand. Schon bald bemühten sich die Menschen, das Wasser des Flusses durch das Anlegen von Rückhaltebecken und Bewässerungskanälen auch während des Niedrigwassers nutzbar zu machen.

## Nilometer für die Steuern

Um die Höhe der Überschwemmung messen zu können, wurden am Nilufer Anlagen gebaut, die Brunnenschächten glichen und mit Markierungen versehen waren. Je nach gemessener Höhe ließ sich abschätzen, ob eine gute oder schlechte Ernte bevorstand. Anhand der Wasserstandsmarken wurden dann die Steuern und Abgaben festgelegt.

# Die drei Jahreszeiten

Arbeitsblatt (1)

**Heute**

1. Lies die beiden Info-Blätter zu den Jahreszeiten aufmerksam durch.
2. Trage die fehlenden Begriffe in die Jahreszeitenuhr auf Arbeitsblatt 2 ein:
   - **außen:** *die fehlenden deutschen Monatsnamen*
   - **Mitte:** *Zeit des Wachstums, Zeit der Ernte*
   - **innen:** *Achet, Peret*
3. Gestalte die Jahreszeitenuhr farbig und schneide sie aus.
4. Befestige die Jahreszeitenuhr mit einer Paketklammer drehbar auf diesem Arbeitsblatt.
5. Stelle die Jahreszeitenuhr auf den aktuellen Monat ein:
   - *Wie hätte die Landschaft am Nil heute ausgesehen?*
   - *Welche Jahreszeit wäre jetzt?*
   - *Welches Fest hätten die alten Ägypter bald gefeiert?*
6. Gestalte auch das Blatt mit den Schutzgöttern der ägyptischen Jahreszeiten farbig, und schneide es aus.
7. Befestige es so auf dem gepunkteten Klebefeld, dass es wie ein Deckblatt auf- und zugeklappt werden kann.
8. Ergänze den kurzen Lückentext.

**Klebefeld**

Die Wassermassen, die das Niltal einmal im Jahr überfluteten, stammten aus dem Bergland ______________. Der Stern ______________ zeigte das neue Jahr und die bevorstehende Nilflut an. Die Ägypter unterschieden ____________ Jahreszeiten mit je ____________ Monaten. Danach folgten ____________ Feiertage zu Ehren der Gottheiten Osiris, ______________, Seth, ______________ und Nephtys.

# Die drei Jahreszeiten

Arbeitsblatt (2)

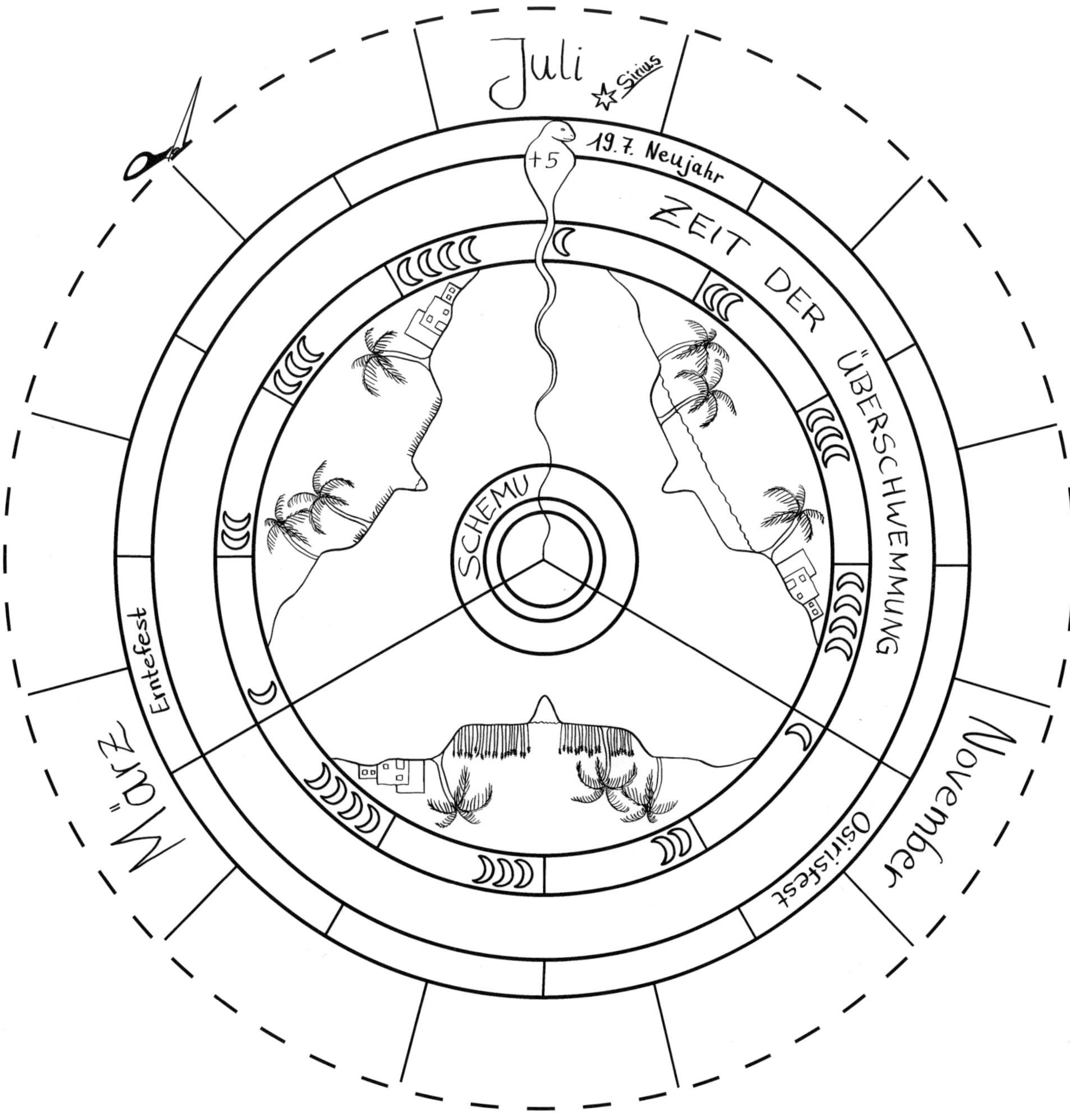


| Die Schutzgötter der ägyptischen Jahreszeiten | | |
|---|---|---|
| ACHET Zeit der Überschwemmung Schutzgott: HAPI | PERET Zeit des Wachstums Schutzgott: OSIRIS | SCHEMU Zeit der Ernte Schutzgöttin: RENENUTET |

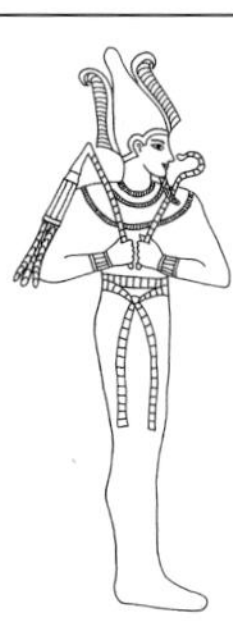

# Der Nil als Transportweg

Infoblatt

© PGI/Pierl

*Nilboot*

## Die Hauptstraße des Landes

Das Reisen war im Reich der Pharaonen gleichzusetzen mit einer Bootsfahrt auf dem Nil. In Richtung Norden wurden die Ruderer von der Strömung unterstützt. Stromaufwärts, in Richtung Süden, nutzte man den Wind, der meist aus Norden wehte.

## Das Wegenetz der Kanäle

Die Ägypter befuhren auch das verzweigte Netz der Kanäle und die Flussarme des Nildeltas, sodass kaum Straßen gebaut werden mussten. Für die Großbauten wie Tempel und Pyramiden grub man zuerst einen Kanal möglichst nahe an die Baustelle heran. So konnten die Steinblöcke von den Steinbrüchen des Landes auf dem Wasserweg transportiert werden.

© PGI/Pierl

*Nilboot*

## Boote statt Wagen

Die Ägypter entwickelten eine große Anzahl von kleinen und großen Bootstypen für den Warenaustausch und den Personenverkehr, besaßen aber keine Wagen für Landtransporte. Zwar übernahm man im Neuen Reich von asiatischen Völkern den leichten, mit Pferden bespannten Jagd- und Streitwagen, aber Material wurde nach wie vor auf Eseln oder Kamelen befördert oder von Ochsen und Menschen auf Holzschlitten gezogen.

## Schwierigkeiten und Gefahren einer Schiffsreise

Je nach Jahreszeit änderte sich der Wasserstand des Flusses. Während der Erntezeit Schemu führte der Fluss wenig Wasser, während der Zeit des Hochwassers, Achet, waren weite Teile des Niltales überschwemmt. Stärke und Richtung des Windes beeinflusste eine Reise auf dem Fluss. Ein starker Nordwind begünstigte die Segelfahrt nach Süden und erschwerte die Reise in den Norden. Bei einer Flaute kamen die Reisenden in Richtung Süden nur schwer gegen die Strömung an. An den Ufern des Nils lebten einige Tiere, die dem Menschen gefährlich werden konnten: Schlangen, Skorpione, Nilpferde und Krokodile. Vor diesen Tieren musste sich ein Reisender stets hüten.

# Würfelspiel: Ein Wettrennen auf dem Nil

Arbeitsblatt (1)

Beispiele für **Ereigniskarten** bei einer Fahrt in den Norden (links) und bei einer Fahrt in den Süden (rechts):

| Norden | Süden |
|---|---|
| Die Ruderer haben gut gefrühstückt und sind bestens gelaunt.<br><br>**Rücke drei Felder vor.** | Es herrscht absolute Windstille.<br><br>**Eine Runde aussetzen.** |

## Tipp

Würfelst du eine 1, 2 oder 3, dann rücke mit dem Spielstein entsprechend viele Felder vor. Würfelst du eine 4, 5 oder 6, dann ziehe eine zur Reiserichtung passende Ereigniskarte.

## Aufgabe

1. Betrachte den Spielplan „Ein Wettrennen auf dem Nil" (AB 1/2), und lies dir den Comic über den Bildhauer Thutmosis aus Achet-Aton aufmerksam durch.
2. Überlege dir zu dem Würfelspiel einen passenden Spielverlauf und passende Spielregeln für zwei Spieler. Jeder Spieler übernimmt dabei die Rolle eines Boten.
3. Falte ein DIN-A4-Blatt viermal, und zerschneide es entlang der Faltkanten. So erhältst du 16 Kärtchen, die du später als Ereigniskarten benötigst.
4. Finde mit Hilfe des Infoblattes „Der Nil als Transportweg" interessante Details über eine Schiffsreise auf dem Nil zur Zeit der Pharaonen heraus. Schreibe mit Hilfe dieser Informationen treffende Ereignisse und Spielanweisungen auf die Ereigniskarten. Unterscheide dabei zwischen Ereigniskarten für eine Nilfahrt in den Norden und Ereigniskarten für eine Nilfahrt in den Süden.
5. Markiere die Ereigniskarten für eine Fahrt Richtung in Norden auf der Rückseite mit einem N, die Ereigniskarten für eine Fahrt nach Süden mit einem S.
6. Nun brauchst du nur noch einen Würfel und zwei Spielsteine.

## Würfelspiel: Ein Wettrennen auf dem Nil

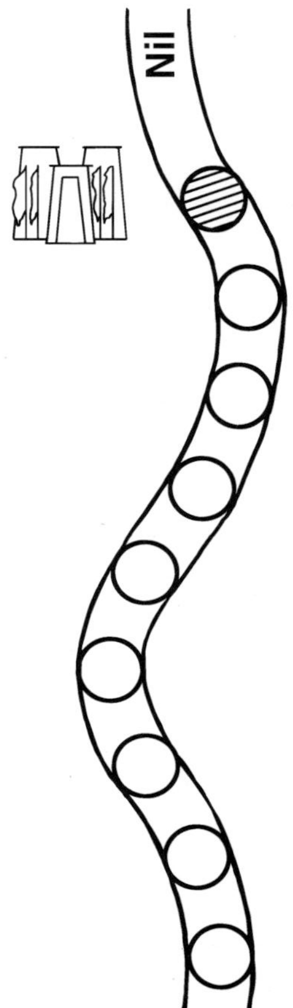


*Thutmosis, du bist der talentierteste junge Bildhauer in Achet-Aton, was sehr viel heißen will! Dein Kalkstein-Modell des edlen Hauptes meiner Gemahlin Nofretete hat bei mir großen Anklang gefunden. Du bekommst deshalb den Auftrag, mehrere Bildnisse der Königin und unserer ältesten Tochter Merit-Aton anzufertigen. Für meine Verehrung durch die Bewohner von Achet-Aton wirst du in deinen Werkstätten zahlreiche Statuetten von mir herstellen lassen.*

*Ich entsende dich nach Norden in die Nähe von Memphis. Dort lagert im Magazin eines befreundeten Händlers rotbrauner Quarzit aus einem Steinbruch in der Ostwüste. Ich möchte dieses edle Material für Bildnisse der Königin Nofretete und der Prinzessin Merit-Aton verwenden. Lasse dich mit einem kleinen, schnellen Boot nach Memphis rudern, kaufe dort drei große Quarzitblöcke, und segle auf einem Lastenschiff zurück nach Achet-Aton. Möge ein kräftiger Nordwind deine Rückreise beflügeln! Hole dir von meinem Schreiber das Geld für die Reise und die Steine ab.*

© Verlag an der Ruhr • Postfach 10 22 51 • 45422 Mülheim an der Ruhr • www.verlagruhr.de • ISBN 978-3-8346-0565-8

# Würfelspiel: Ein Wettrennen auf dem Nil

Arbeitsblatt (3)

*Klebelasche*

*Lasse dich nach Theben segeln, und erwerbe dort zehn kleine Alabasterblöcke aus dem nahe gelegenen Steinbruch, denn ich will Statuetten des Pharao aus weißem, durchscheinendem Alabaster anfertigen. Bringe die Steine auf einem Lastschiff sicher nach Achet-Aton. Achte darauf, dass das Schiff über genügend kräftige Ruderer verfügt. Mein Schreiber gibt auch dir das Geld für die Reise und die Steinblöcke.*

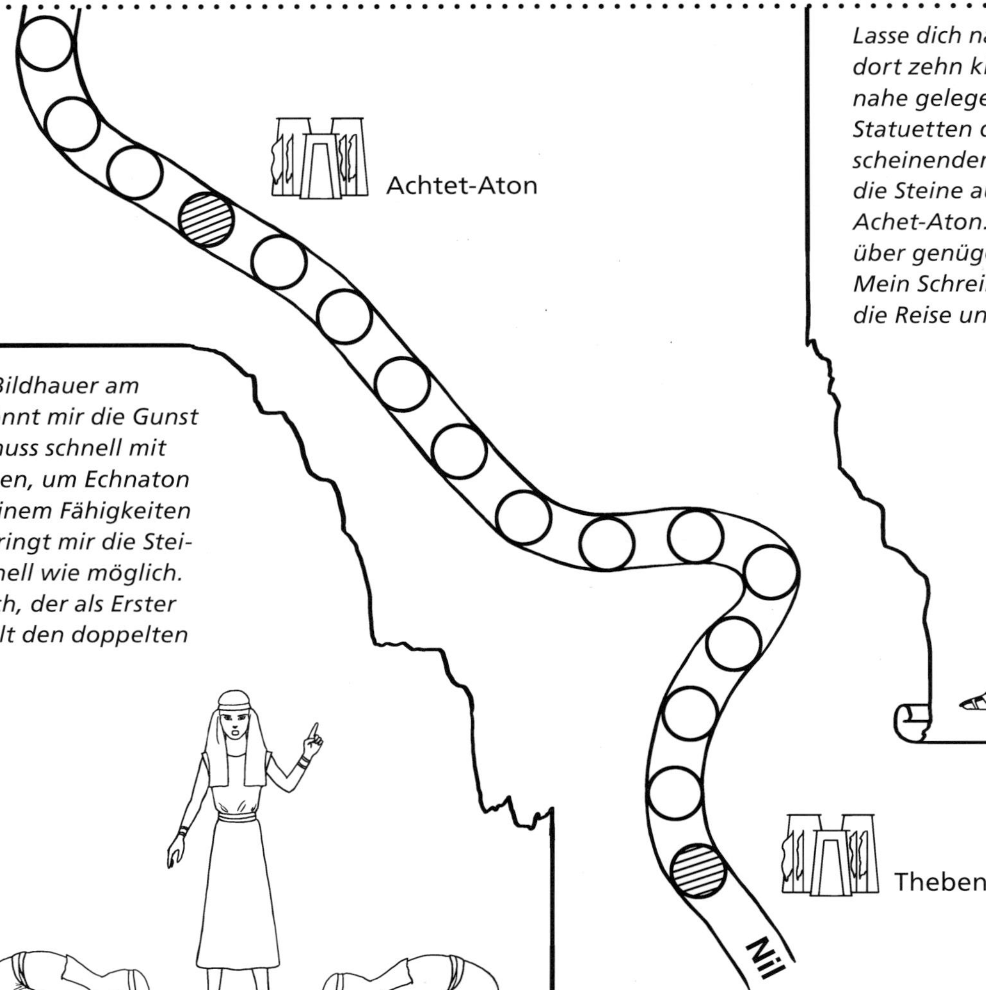


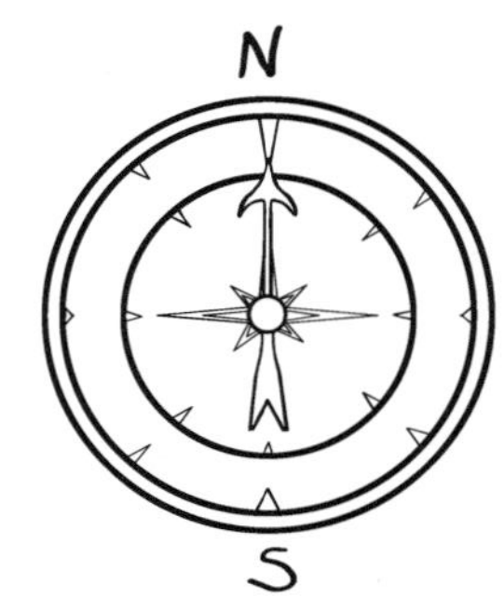


*Bak, der oberste Bildhauer am Königshof, missgönnt mir die Gunst des Pharaos. Ich muss schnell mit der Arbeit beginnen, um Echnaton weiterhin von meinem Fähigkeiten zu überzeugen. Bringt mir die Steine deshalb so schnell wie möglich. Derjenige von euch, der als Erster zurückkehrt, erhält den doppelten Lohn.*

## Dem Pharao gehört das Land

Nach altägyptischer Rechtsauffassung gehörte dem Pharao das gesamte Land. Als Eigentümer über Grund und Boden verfügte er auch über die Menschen, die das Feld bestellten, über die Arbeitstiere und Pflanzen, über das Saatgut und die Erträge an Getreide, Obst und Gemüse, sowie über Kanäle, Teiche, Brunnen und Bewässerungsanlagen.

© Joachim Willeitner

*Ochsen treten das Korn aus.*

## Die Stellung der Bauern

Freie Bauern, die eigenes Land selbstständig bewirtschafteten, gab es im alten Ägypten nur in Krisenzeiten, wenn die Macht des Pharao geschwächt und die Zentralverwaltung außer Kraft gesetzt war. Die Bauern lebten in dem Status von „Hörigen". Sie konnten als Landarbeiter zum Pflügen, zum Hüten der Herden oder für Deich- und Kanalarbeiten verpflichtet werden und durften die Arbeit nicht verweigern.

© Joachim Willeitner

*Arbeiter worfeln das Getreide, um die Spreu von den Körnern zu trennen.*

## Die Verwaltung der Landwirtschaft

Das fruchtbare Ackerland Ägyptens war in Verwaltungseinheiten aufgeteilt. Sie wurden wie große Landgüter von einem Gutsvorsteher geführt und unterstanden entweder direkt dem Pharao oder der Priesterschaft von Tempeln. Manchmal erhielten verdiente Staatsbeamte oder Kriegsveteranen vom König Ländereien zur Bewirtschaftung. Zu jeder Verwaltungseinheit gehörten auch die Dörfer und die Bevölkerung dieses Gebietes. Der Vorsteher teilte den ortsansässigen Bauern Feldflächen und Saatgut zu. Die Zugtiere zum Pflügen konnten sich die Bauern von den staatlichen Herden

leihen. Die Aufseher des Gutsvorstehers kontrollierten die Produktion der landwirtschaftlichen Erzeugnisse, seine Schreiber notierten die Erträge. Ein großer Teil der Ernte wurde für die staatlichen Speicher eingefordert. Die Höhe der Abgaben orientierte sich am Wasserstand des Nils während der letzten Überschwemmung. Die Bauern behielten nur einen geringen Teil der Ernte für ihren Eigenbedarf. Wer sein Abgabesoll nicht erfüllte, wurde mit Stockhieben bestraft.

## Getreide als Zahlungsmittel

Dem Getreideanbau kam im alten Ägypten eine besondere Bedeutung zu, denn aus dem Korn wurden die beiden Grundnahrungsmittel Brot und Bier hergestellt. Das Grundgehalt der Arbeiter, zu denen außer den Landarbeitern auch die Soldaten, Handwerker und Priester gehörten, wurde in Getreide ausgezahlt. Auch auf dem Markt waren Getreideeinheiten das geläufigste Zahlungsmittel. Der Wert einer Ware wurde in „so und so viel Sack Getreide" angegeben. Seit dem Neuen Reich wird der Wert von Waren auf Metallgewichte (1 Deben = 91 g) umgerechnet. Geldmünzen sind erst ab der Ptolemäerzeit (300 v. Chr.) in allgemeinem Gebrauch.

© Joachim Willeitner

*Das Korn wird mit Scheffeln abgemessen und das Ergebnis von den Schreibern festgehalten.*

# Die Landwirtschaft

Arbeitsblatt

© PGI/Piel

*Bauernpaar beim Pflügen und Säen*

Nach ägyptischem Recht gehörte dem ____________ das gesamte Land einschließlich aller Menschen, Tiere, Pflanzen und Gegenstände, die sich darauf befanden. Freie Bauern, die eigenes Land selbstständig bewirtschafteten, gab es kaum. Die Bauern lebten als „____________". Sie mussten den Anweisungen, die sie von den Beamten des Pharaos erhielten, Folge leisten. Es gab große Landgüter, die von staatlichen Vorstehern geführt wurden. Von diesen bekamen die Bauern ______________________, Saatgut und _________________________ zum Pflügen zugeteilt. Zur Erntezeit kamen die Aufseher und ______________________ des Vorstehers und notierten die Höhe des Ernteertrages. Die Höhe der Abgaben orientierte sich am Wasserstand des ___________________ während der letzten Überschwemmung. Die Bauern behielten nur einen geringen Teil der Ernte für ihren _________________________. Der größte Teil der Ernte wurde in den staatlichen _____________________ aufbewahrt.

Bauern, die ihr Abgabesoll nicht erfüllten, erhielten ________________________.

Getreide spielte im alten Ägypten eine besondere Rolle, da es nicht nur zum Backen von Brot und zum Brauen von Bier, sondern auch als _________________________ diente.

## Aufgabe

Lies die beiden Infoblätter über die Landwirtschaft aufmerksam durch. Setze die folgenden Wörter sinnvoll in den Lückentext ein:
*Schreiber, Zahlungsmittel, Pharao, Nil, Hörige, Zugtiere, Stockhiebe, Feldflächen, Eigenbedarf, Speichern*

# Bewässerungssysteme

Infoblatt (1)

*Die Menschen im alten Ägypten fanden schon früh heraus, dass sich durch eine künstliche Bewässerung der Felder die Ernten verbessern ließen. Schon seit dem Alten Reich war die Wasserwirtschaft staatlich geregelt. Der zuständige Gaufürst organisierte und überwachte die Bewässerungsmaßnahmen. Die Bauern konnten von den Gutsverwaltern jederzeit zu Kanal- oder Deicharbeiten herangezogen werden. Im Laufe der Jahrtausende wurden die Bewässerungssysteme immer weiter verbessert, bis schließlich während der Ptolemäerzeit großflächig zwei Ernten im Jahr erzielt werden konnten.*

## Die Bassinbewässerung im Alten Reich

Um die Flutwasser des Nils besser ausnutzen zu können, wurden die einströmenden Wassermassen in großen, mit Erddämmen befestigten **Rückhaltebecken** (Bassins) gestaut. Die Sturzfluten, die sich nach heftigen Regenfällen in den Bergen in die Wadis ergossen, wurden durch **Talsperren** gestaut und gespeichert. Bei Bedarf wurden die Becken geöffnet und das Wasser über Kanäle auf die Felder geleitet.

## Die Trockenlegung von Sumpfgebieten im Mittleren Reich

Sumpfgebiete im heutigen Fajjum und im Nildelta wurden durch **Absperrdämme** und **Entwässerungskanäle** trockengelegt und in fruchtbares Ackerland verwandelt.

© PGI/Pierl

*Schaduf*

## Die Erfindung des Schadufs im Neuen Reich

Seit dem Neuen Reich wird das erste Wasserhebegerät, das **Schaduf**, verwendet. Es besteht aus einem Gerüst mit einer beweglichen Stange. An einem Ende der Stange ist ein Wassereimer befestigt, am anderen Ende befindet sich ein Gegengewicht. Mit dem Schaduf kann das Wasser aus Flüssen und Kanälen auf höher gelegene Felder befördert werden.

# Bewässerungssysteme

Infoblatt (2)

## Die Kanalbewässerung während der Ptolemäerzeit

In ptolemäischer Zeit konnte durch die Ausweitung und Verbesserung der Kanalbewässerung erstmals eine zweite Ernte erzielt werden. Mit neuen Wasserhebegeräten war es nun möglich, große Flächen ganzjährig mit Nilwasser zu versorgen. Während seines Aufenthaltes in Ägypten erfand der griechische Wissenschaftler Archimedes die **Wasserschnecke,** mit der man über eine große Schraube Wasser durch eine Röhre von einem tieferen auf ein höheres Niveau befördern konnte.

Eine weitere griechische Erfindung, die von den Ägyptern zur Bewässerung eingesetzt wurde, war das **Schöpfrad**. Ein horizontal aufgestelltes Zahnrad wurde von einem Zugtier im Kreis bewegt und trieb ein zweites, senkrecht stehendes Zahnrad an. Dieses war über eine Achse mit einem Schöpfrad verbunden, das sich zum Teil unter Wasser befand und an dessen Außenseite Eimer befestigt waren. Die Eimer füllten sich unten im Fluss oder Kanal mit Wasser und entleerten sich oben in einer Zuflussrinne, die das Wasser zu den Feldern brachte.

© PGI/Pierl

*Kanalbewässerung von Bäumen und Blumen*

# Bewässerungssysteme

Arbeitsblatt

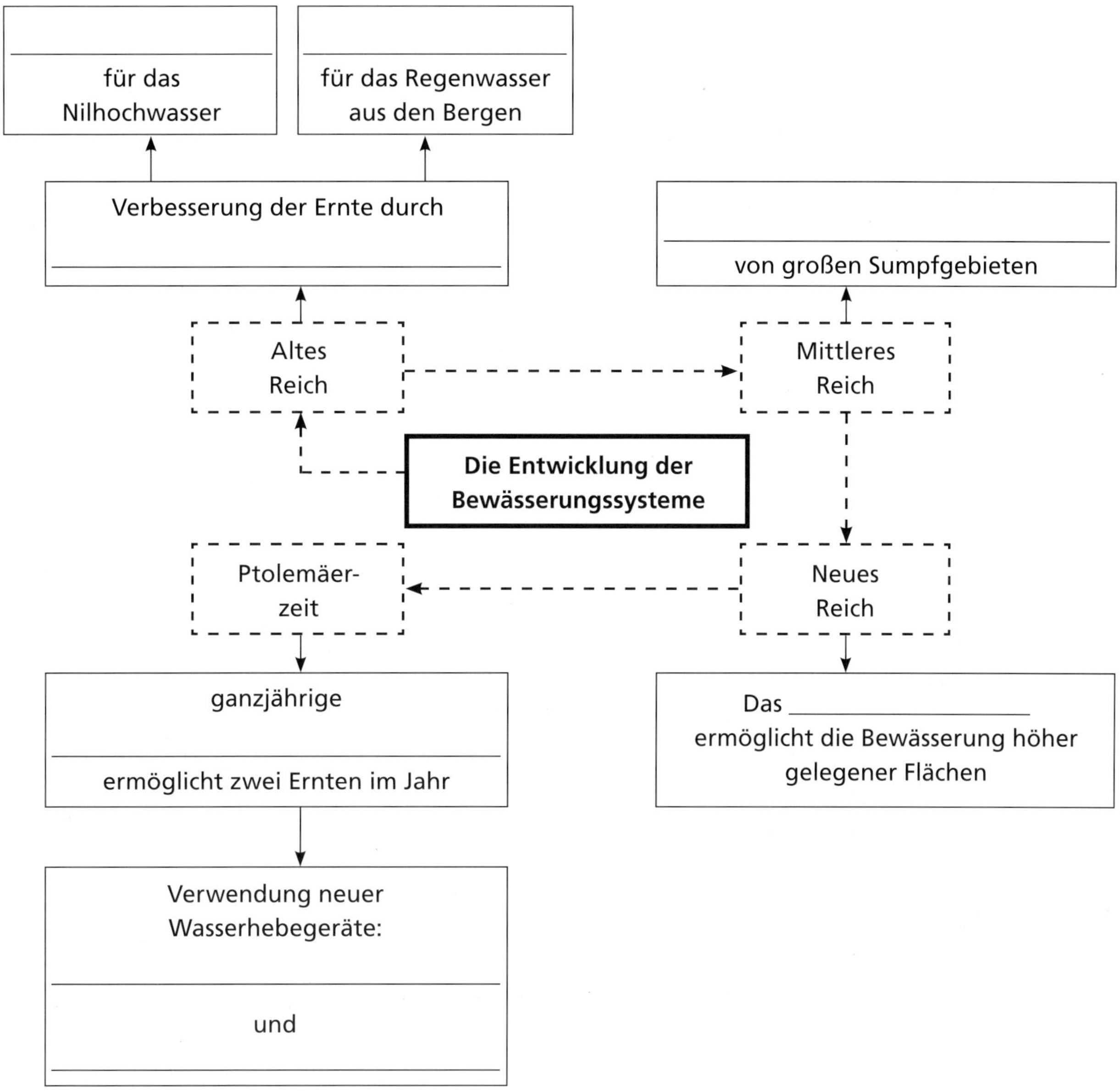


## Aufgabe

Vervollständige die Übersicht mit Hilfe des Infotextes.
Es fehlen folgende Begriffe:
*Schaduf, Kanalbewässerung, archimedische Wasserschnecke, Bassinbewässerung, Trockenlegung, Rückhaltebecken, Talsperren, Schöpfrad*

# Die ägyptische Gesellschaft

Infoblatt

An der Spitze der Gesellschaft stand der **Pharao mit** seiner engsten Familie: der Großen königlichen Gemahlin, der Königinmutter und seinen Söhnen und Töchtern.

Der **Wesir** war der höchste Staatsbeamte und der Vertraute des Pharaos. Er führte die Oberaufsicht über die Rechtsprechung, die Verwaltung und das Militär. Seit dem Neuen Reich teilten sich ein Wesir für Ober- und ein Wesir für Unterägypten das Amt. Die hohen **Militär- und Verwaltungsbeamten** wurden vom Wesir ausgewählt und kontrolliert. Sie bildeten mit ihren Familien die vornehme und wohlhabende Oberschicht des Landes.

Auch im religiösen Bereich war der Pharao die oberste Instanz. Er galt als der Hohepriester jedes Gottes in jedem Tempel des Landes. Der Pharao bestimmte die **Oberpriester**, die in seinem Namen die religiösen Rituale in den Tempeln ausführten und den Tempelbesitz verwalteten. Die meisten Tempel besaßen viel Land, bildeten das Zentrum der lokalen Wirtschaft und unterhielten eine eigene Schule. Außer den **Priestern** arbeiteten auch Musiker, Schreiber, Handwerker und Bauern für den Tempel. Auch Frauen durften als **Priesterinnen** im Tempel mitwirken. Sie stammten meist aus den oberen Gesellschaftsschichten und waren häufig mit Priestern oder hohen Beamten verheiratet.

Die mittlere gesellschaftliche Schicht bildeten die einfachen Beamten und Schreiber, die Handwerker und Händler und die Soldaten. Vor allem für die Verwaltungsarbeiten in der Landwirtschaft wurde eine große Anzahl von **Schreibern** und **Beamten** benötigt. Sie vermaßen die Felder, zählten das Vieh, setzten die Steuern fest und trieben sie von den Bauern ein. Die **Handwerker** stellten vielfältige Produkte her oder arbeiteten auf den zahlreichen Baustellen des Landes und wurden in Naturalien wie Getreide, Brot und Bier bezahlt. Die **Händler** waren meist auf dem Nil unterwegs, um Waren aus verschiedenen Landesteilen heranzuholen und im Tausch gegen Getreide oder andere Waren zu verkaufen. Seit dem Mittleren Reich bildeten die **Soldaten** eine eigene Berufsgruppe. Vorher musste für jede militärische Unternehmung eine Truppe aus der Bevölkerung rekrutiert werden.

Die breite Basis der Gesellschaft bestand aus den **Bauern**, die zusammen mit ihren Familien die Felder bestellten und einen großen Teil des Ertrages an die königlichen Vorratskammern ablieferten. Darüber hinaus konnten sie jederzeit zu Hilfsdiensten bei staatlichen Bauvorhaben herangezogen werden. Ebenso wie die Bauern waren auch die **Fischer** zu staatlichen Abgaben verpflichtet. Ganz unten in der gesellschaftlichen Rangfolge standen auch die **Diener** und seit dem Mittleren Reich die **Leibeigenen**, die als Kriegsgefangene nach Ägypten verschleppt wurden.

© PGI/Pierl

*Der Pharao opfert als oberster Priester dem Gott Anubis.*

# Die ägyptische Gesellschaft

Arbeitsblatt

*Du kannst dir die altägyptische Gesellschaft wie eine Pyramide vorstellen. Ganz oben stand der Pharao als absolutes Oberhaupt Ägyptens. Er galt als das Bindeglied zwischen Göttern und Menschen und war verantwortlich für das Wohl seines Landes. Jeder Mensch hatte nach der Vorstellung der Ägypter einen von den Göttern bestimmten Platz in der Gesellschaft. Meist blieben die Menschen in der Schicht, in die sie hineingeboren wurden. Es war jedoch möglich, durch gute Leistungen aus einfachen Verhältnissen in hohe Ämter aufzusteigen. Lesen und Schreiben war dafür die beste Voraussetzung.*

## Aufgaben

1. Lies den Infotext über der ägyptische Gesellschaft aufmerksam durch. Überlege:
   - ☥ Welche Berufsgruppen und Amtsträger gab es im Reich des Pharaos?
   - ☥ Wer gehörte zur Ober-, Mittel- und Unterschicht?
2. Zeichne auf ein DIN-A4-Blatt eine Pyramide der ägyptischen Gesellschaft. Du kannst dich dabei an der abgebildeten Vorlage orientieren. Trage die noch fehlenden Ämter- und Berufsgruppen ein.
4. Vergleiche die Gesellschaft des alten Ägyptens mit unserer modernen Gesellschaft:
   - ☥ Wie stark sind die Berufsgruppen heute vertreten?
   - ☥ Wie und für welchen Zeitraum gelangen die Herrschenden an die Macht?
   - ☥ Wie gut sind heute die Aufstiegschancen zwischen den gesellschaftlichen Schichten?

## Tipp

Schneide den Text von Horus aus und klebe ihn als Erklärung zu deiner Gesellschaftspyramide.

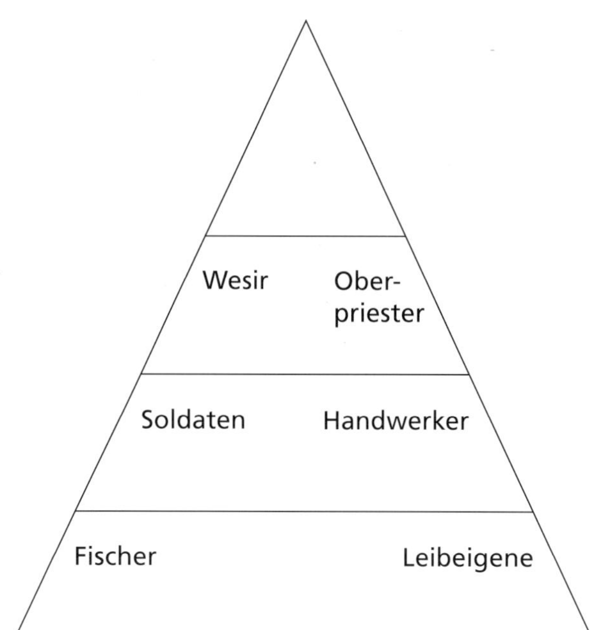

# Eine Zeittafel der Herrscher

Infoblatt

## Von Narmer bis Kleopatra

Die ägyptischen Pharaonen herrschten über einen Zeitraum von mehr als 3000 Jahren. König Narmer war der erste, dem es um 3100 v. Chr. gelang, Ober- und Unterägypten zu einem Reich zu vereinigen.
Er wurde der erste Pharao Ägyptens und Begründer der 1. Dynastie*.

In der Zeit des Alten Reiches, des Mittleren Reiches und des Neuen Reiches gelang es mächtigen Pharaonen, mit der Unterstützung der Priesterschaft und der Hilfe eines gut funktionierenden Beamtenapparates uneingeschränkt über das ganze Land zu herrschen. Ägypten wurde zum Zentrum der Macht und der Kultur in der damaligen Welt.
In den drei Zwischenzeiten verloren die Pharaonen an Einfluss, und die Zentralgewalt löste sich auf. Die Fürsten der einzelnen Landesteile regierten ihre Gebiete eigenmächtig.
In der Spätzeit wurde Ägyptens Geschick oft von fremden Herrschern gelenkt. Zuletzt rissen die Perser die Macht über Ägypten an sich.

Alexander der Große besiegte den Perserkönig Darius und ernannte sich selbst zum Pharao. Damit begann die Zeit der Ptolemäer auf dem Pharaonenthron. Die Herrscher der Ptolemäerzeit waren griechischer Abstammung. Mit dem Tod von Kleopatra VII. im Jahre 30 v. Chr. endete die Geschichte des Pharaonenreiches. Ägypten war nun eine Provinz der neuen Weltmacht Rom.

* Eine Dynastie war eine Herrscherfamilie, in der die Königswürde von einer Generation auf die nächste weitervererbt wurde.

# Eine Zeittafel der Herrscher

Arbeitsblatt (1)

*Auf den Schriftrollen erfährst du Genaueres über die ägyptischen Herrscherdynastien. Da du auf deiner Zeitreise durchs alte Ägypten schon weit herumgekommen bist, werden dir einige Persönlichkeiten, Städte und Bauwerke bekannt vorkommen.*

## Aufgaben

1. **Unterstreiche:**
   **grün:** *Frühgeschichtliche Zeit*
   **rot:** *Altes Reich, Mittleres Reich und Neues Reich*
   **gelb:** *1., 2. und 3. Zwischenzeit*
   **orange:** *Spätzeit*
   **blau:** *Ptolemäerzeit*

2. **Bastle ein „Zeitband" der ägyptischen Geschichte:**
   - Nimm einen weißen Papierstreifen von 1cm Breite und 35 cm Länge.
   - Berechne die Dauer der einzelnen Zeitabschnitte.
   - Male für 100 Jahre je 1 cm auf deinem Papierstreifen in der passenden Farbe an.
     **Beispiel:**
     *Frühgeschichtliche Zeit:*
     3100 – 2700 = 400 Jahre = 4 cm grün anmalen
     *Altes Reich:*
     2700 – 2170 = 530 Jahre = 5,3 cm rot anmalen

3. 1871 wurde zum ersten Mal in der Geschichte ein gesamtdeutsches Reich gegründet. Seit 1990 besteht unser Staat in seinen heutigen Grenzen. Berechne den Zeitraum von 1871 bis zur Gegenwart. Wie viele Zentimeter sind das auf dem Zeitband? Lasse genau so viel weißen Streifen übrig, und schneide den Rest ab.

## Tipp

Falte das Zeitband zweimal. Schneide die gestrichelten Linien auf dem Arbeitsblatt ein, und bewahre dein Zeitband zwischen den wachsamen Augen des Horus auf.

# Eine Zeittafel der Herrscher

Arbeitsblatt (2)

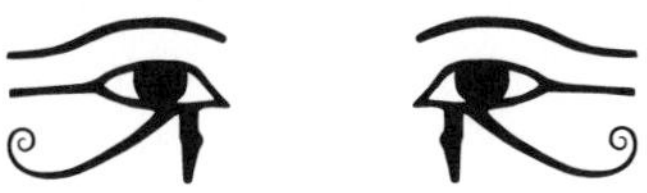

_ _ _ _ _ _ _ _

Mein
Zeitband

_ _ _ _ _ _ _ _

*3100 – 2700 v. Chr.*
**Frühgeschichtliche Zeit**
*1. und 2. Dynastie*

☥ König Narmer vereinigt Ober- und Unterägypten
☥ Gründung der Hauptstadt Memphis
☥ Entwicklung der Hieroglyphenschrift

*2700 – 2170 v. Chr.*
**Altes Reich**
*3. – 6. Dynastie*

☥ Pharao Djoser und sein Wesir Imhotep erbauen die Stufenpyramide von Sakkara
☥ Pharao Snofru lässt drei Pyramiden bauen
☥ Pharao Cheops und sein Wesir Hemiunu errichten die große Pyramide von Giza
☥ Chephren-Pyramide und Sphinx entstehen
☥ Bau der Mykerinos-Pyramide

*2170 – 2020 v. Chr.*
**1. Zwischenzeit**
*7. – 10. Dynastie*

☥ Zerfall des Reiches

*2020 – 1790 v. Chr.*
**Mittleres Reich**
*11. und 12. Dynastie*

☥ erneute Reichseinigung
☥ Theben wird zur neuen Hauptstadt
☥ Baubeginn des Tempelbezirkes von Karnak
☥ Eroberung Nubiens

*1790 – 1550 v. Chr.*
**2. Zwischenzeit**
*13. – 17. Dynastie*

☥ Zerfall des Reiches
☥ Fremdherrschaft der Hyksos aus Asien: Einführung von Pferd und Streitwagen

*1550 – 1070 v. Chr.*
**Neues Reich**
*18. – 20. Dynastie*

☥ Vertreibung der Hyksos durch Pharao Ahmose
☥ Königin Hatschepsut regiert das Reich
☥ Bau der Felsengräber im Tal der Könige
☥ Echnaton ehelicht Nofretete, er schafft die alten Götter ab, verehrt ausschließlich Sonnengott Aton, Achet-Aton wird neue Hauptstadt
☥ Tut-Anch-Amun setzt die alten Götter wieder ein, Theben wird erneut Hauptstadt
☥ General Haremhab wird Pharao
☥ Ramses II. unternimmt zahlreiche Feldzüge, lässt die Felsentempel von Abu Simbel erbauen

*1070 – 714 v. Chr.*
**3. Zwischenzeit**
*21. – 24. Dynastie*

☥ Zerfall des Reiches

*714 – 332 v. Chr.*
**Spätzeit**
*25. – 30. Dynastie*

☥ Herrschaft nubischer Pharaonen, Bau der Pyramiden von Meroe
☥ Perser erobern und regieren das Land

*332 – 30 v. Chr.*
**Ptolemäerzeit**

☥ Alexander der Große besiegt die Perser und erobert Ägypten
☥ Herrschaft der ptolemäischen Pharaonen
☥ der Stein von Rosette erinnert an die Krönung von Ptolemaios V.
☥ Kleopatra VII. herrscht als letzte Königin Ägyptens
☥ Ägypten wird Teil des Römischen Reiches

# Berühmte Pharaonen

Infoblatt (1)

*Der Pharao war das religiöse und weltliche Oberhaupt des Alten Ägypten. Er stand unter meinem besonderen Schutz und galt als mein Stellvertreter auf Erden. Nach seinem Tod stieg er zu den Göttern auf. Den Titel „Pharao“, d.h. „großes Haus“, verwendete man ursprünglich für den Königspalast. Erst seit dem Neuen Reich wird auch der König so genannt. Beliebt war auch der Titel „Sa Ra“, was „Sohn des Re“ bedeutet. Ich möchte dir gerne sechs berühmte „große Häuser“ oder „Söhne des Re“ vorstellen. Von einigen hast du bestimmt schon etwas gehört. Es sind auch zwei Königinnen dabei, die die Alleinherrschaft über das Land ausübten.*

**Narmer**
***(starker Wels)***

- erster Pharao der frühgeschichtlichen Zeit
- vereinigte Ober- und Unterägypten
- gründete die Hauptstadt Memphis
- unterteilte das Land in 40 Gaue, die von Gauvorstehern verwaltet wurden
- soll der Überlieferung nach von einem Nilpferd getötet worden sein
- kulturelle Errungenschaften seiner Zeit: Entwicklung der Hieroglyphenschrift, Rechnen im Dezimalsystem, Erstellen eines Kalenders mit 365 Tagen und 12 Monaten

**Hatschepsut**
***(Erste der vornehmen Frauen)***

- weiblicher Pharao des Neuen Reiches
- Witwe des Pharao Thutmosis II.
- übernahm die Regentschaft für den erst dreijährigen Stiefsohn Thutmosis III.
- ließ sich einige Jahre später offiziell zur herrschenden Königin krönen
- förderte die Handelsbeziehungen zu den Nachbarländern
- ließ sich in der Nähe des Tales der Könige einen großen Totentempel errichten
- verstarb nach 20-jähriger Regierungszeit
- ihr Nachfolger wurde Thutmosis III.

**Echnaton**
***(Glanz des Aton)***

- Pharao des Neuen Reiches, Ehemann der Nofretete
- hieß zunächst Amenophis IV.
- erhob den Sonnengott Aton zum Gott aller Götter
- wählte sich als neuen Namen „Echnaton“
- ließ Achet-Aton als neue Hauptstadt erbauen
- förderte einen neuen Kunststil: zahlreiche naturalistische Blumen- und Tierbilder, bis zur Karikatur verzerrte Darstellung der Königsfamilie
- starb im 17. Jahr seiner Regentschaft

# Berühmte Pharaonen: Bildergalerie

Arbeitsblatt (1)

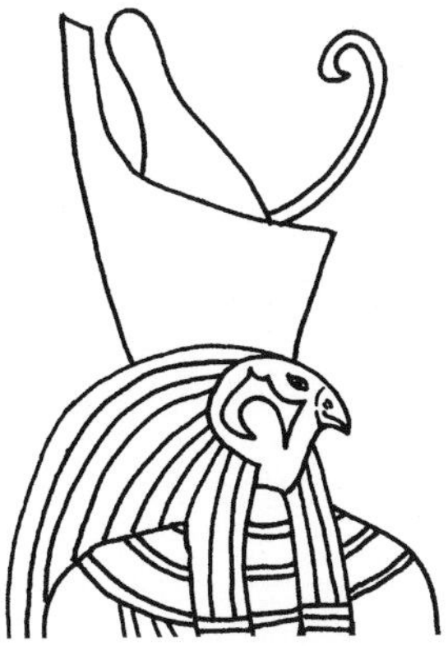

*Darf ich vorstellen? Hier findest du die Bilder von vier Pharaonen und zwei regierenden Königinnen. Von diesen sechs Herrscherpersönlichkeiten sind Tut-Anch-Amun und Kleopatra VII. heute die berühmtesten „Stars" auf dem altägyptischen Thron. Ihr politischer Einfluss war jedoch im Vergleich zu anderen Pharaonen relativ gering.*

*Echnaton*

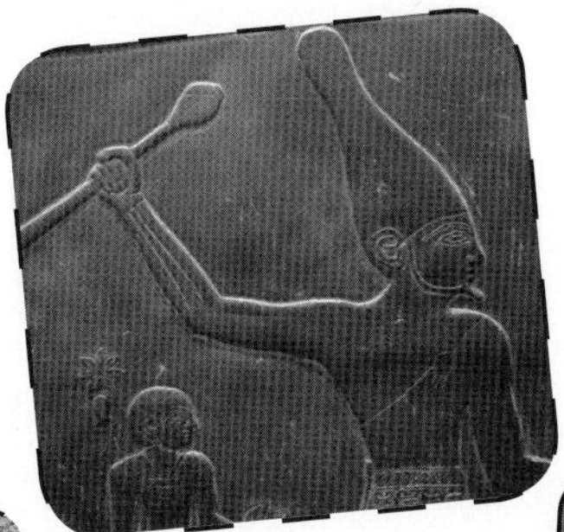

*Narmer*

*Tut-Anch-Amun*

*Ramses II.*

*Hatschepsut*

*Kleopatra VII.*

## Aufgabe

Welcher Pharao oder welche regierende Königin interessiert dich besonders? Erstelle einen Steckbrief von ihm oder von ihr.

- Schreibe mit Hilfe der Stichpunkte in den Schriftrollen einen kurzen Text mit interessanten Einzelheiten zur Person.
- Schneide dir aus der Bildergalerie ein Bild deiner königlichen Hoheit aus, und klebe es auf.
- Suche in Sachbüchern, alten Reiseprospekten und im Internet zusätzliche Bilder und Informationen:
  www.meritneith.de
  www.selket.de
  www.aegypten-online.de

## Tipp

Wenn du möchtest, kannst du die Vorlage auf dem Arbeitsblatt (Seite 27) verwenden.

# Berühmte Pharaonen

Infoblatt (2)

**Ramessu Meriamun, bekannt als Ramses II.**
***(Sohn des Re, Geliebter des Amun)***

- Pharao des Neuen Reiches
- einer der bedeutendsten Herrscher des alten Ägypten
- unternahm zahlreiche Feldzüge
- eroberte den Libanon und Syrien
- handelte einen Friedensvertrag mit den Hethitern aus
- kulturelle und wirtschaftliche Blütezeit des Landes
- verlegte die Hauptstadt nach Pi-Ramesse im Nildelta
- ließ zahlreiche Tempel erbauen, darunter die Felsentempel von Abu Simbel
- starb erst im 66. Jahr seiner Regentschaft mit etwa 85 Jahren
- Mumie ist im Ägyptischen Museum von Kairo zu sehen

**Tut-Anch-Amun**
***(Lebendes Abbild des Amun)***

- Pharao des Neuen Reiches, vermutlich ein Sohn oder Neffe Echnatons
- hieß zunächst Tut-Anch-Aton
- bestieg den Thron bereits im Alter von 10 Jahren
- verließ Achet-Aton und machte Memphis zur Hauptstadt
- hob alle Reformen Echnatons auf und setzte die alten Götter wieder ein
- verstarb bereits mit etwa 20 Jahren
- Howard Carter entdeckte im Jahr 1922 Tut-Anch-Amuns Grab im Tal der Könige
- Goldschatz des Grabes im Ägyptischen Museum in Kairo ausgestellt
- Spekulationen der Archäologen über tödlichen Unfall oder Ermordung des jungen Pharaos

**Kleopatra VII.**
***(griechischer Name)***

- letzte Herrscherin über das ägyptische Ptolemäerreich
- verdrängte mit Cäsars Hilfe ihren Bruder vom Thron
- versuchte vergeblich, Ägyptens Macht wiederherzustellen
- wurde die Geliebte Cäsars, des damals mächtigsten Mannes im Römischen Reich
- gebar Cäsar einen Sohn, den sie Cäsarion nannte
- wurde nach Cäsars Ermordung Geliebte und Ehefrau des römischen Feldherren Antonius
- Antonius vermachte den drei gemeinsamen Kindern Gebiete im Osten des Römischen Reiches
- Rom erklärte Ägypten daraufhin den Krieg
- Octavian, offizieller Erbe und Nachfolger Cäsars, eroberte Ägypten
- Antonius und Kleopatra begingen nach der Niederlage Selbstmord
- Octavian ließ Cäsarion töten, machte Ägypten zur römischen Provinz, wurde drei Jahre später zum ersten römischen Kaiser ernannt

Arbeitsblatt (2)

## Steckbrief

**Name:** ______________________

**Bedeutung des Namens:**

______________________

**Herrscher/Herrscherin:**

- ❑ Frühgeschichtliche Zeit
- ❑ Altes Reich
- ❑ Mittleres Reich
- ❑ Neues Reich
- ❑ Ptolemäerzeit

**Einzelheiten zur Person:**

______________________

______________________

______________________

______________________

______________________

______________________

______________________

______________________

______________________

______________________

______________________

______________________

______________________

# Von der Mastaba zum Weltwunder

Infoblatt (1)

Horus

*Sicher kennst du die Pyramiden, die gewaltigen Königsgräber des Alten Reiches. Mächtige Pharaonen haben ihren Bau befohlen, ihre Architekten entwickelten die Baupläne und sorgten für deren Umsetzung. Für den Bau einer Pyramide waren etwa 2000 Arbeiter notwendig. Mehr als die Hälfte waren Hilfsarbeiter, die nur einige Monate blieben. Gut ausgebildete Facharbeiter hatten für viele Jahre einen festen Arbeitsplatz an der Pyramide. Alle Arbeiter wohnten in Handwerker-Siedlungen in der Nähe der Baustelle. Sie türmten mit Hilfe einfacher Holz-, Stein- und Bronzewerkzeuge unzählige, tonnenschwere Steinquader aufeinander. Die Idee für den Bau der ersten Pyramide entstand 2667 Jahre v. Chr. Sie stammte von Imhotep, dem Baumeister des Pharaos Djoser.*

*Die Pharaonen der 1. und 2. Dynastie ließen sich flache Grabmäler aus Lehmziegeln, so genannte Mastabas, errichten. Zu Beginn der 3. Dynastie, unter der Regierung des Pharao Djoser, baute ich zunächst ebenfalls eine Mastaba. Als Baustoff wählte ich statt Lehmziegeln behauene Steinblöcke. Um das Grab noch prächtiger zu gestalten, ließ ich später weitere fünf Mastabas stufenförmig übereinander auftürmen. So entstand die erste Pyramide aus Stein, die 60 Meter hohe Stufenpyramide von Sakkara.*

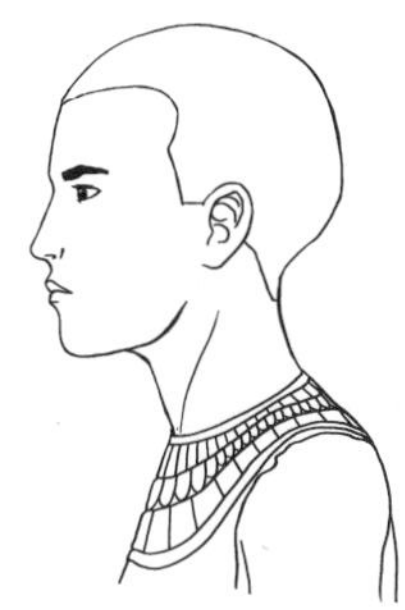

Imhotep

Horus

*Die nächste Weiterentwicklung im Pyramidenbau erfolgte unter Pharao Snofru, dem Begründer der 4. Dynastie. Er herrschte 40 Jahre über Ägypten und ließ insgesamt drei Pyramiden bauen.*

*Meine erste Pyramide, die Pyramide von Maidum, übernahm ich unfertig von meinem Vorgänger. Das Monument war zunächst als achtstufige Pyramide angelegt. Die entscheidende Neuerung war, dass ich diese acht Stufen zuletzt mit weißem Kalkstein ausgleichen und verkleiden ließ. Die Form meines Königsgrabes glich nun den göttlichen Sonnenstrahlen, die durch die Wolken brachen und ein Dreieck aus Licht an den Horizont malten.*

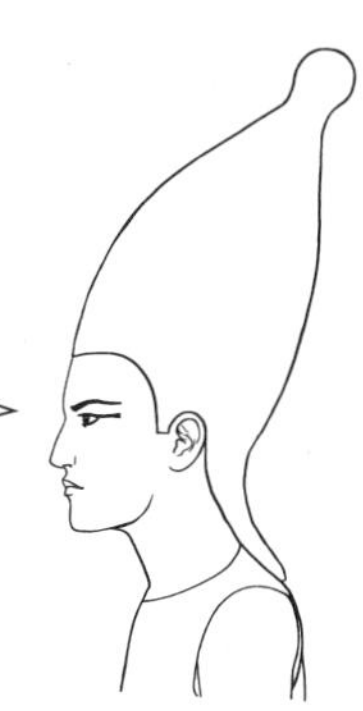

Snofru

# Von der Mastaba zum Weltwunder

Infoblatt (2)

Horus

So entstand die erste „echte" Pyramide mit glatten Seitenflächen. Sie war 92 Meter hoch und hatte einen Neigungswinkel von 52°. Einige Jahre später verlegte Snofru seine Hauptstadt weiter nach Süden und ließ in der Nähe des heutigen Dahschur eine zweite, noch prächtigere Pyramide mit einem steileren Neigungswinkel von 55° und einer größeren Grundfläche errichten. Doch schon während der Bauphase entstanden Risse im Mauerwerk der Grabkammer. Um das Gewicht der Pyramide zu verringern, verkleinerten seine Architekten den Neigungswinkel auf 45°. Es entstand eine Knickpyramide, die mit ihren 97 Metern Höhe zwar beeindruckend aussah, deren Form dem Pharao aber nicht gefiel.

Zehn Jahre später entschloss ich mich zum Bau einer dritten Pyramide. Nach den Erfahrungen beim Bau der Knickpyramide begannen meine Architekten gleich mit einem Winkel von nur 45°. Es entstand eine Pyramide mit einer Basislänge von 213 Metern und einer Höhe von 101 Metern, die dann auch meine Grabstätte wurde. Als Baumaterial wurde roter Sandstein verwendet. Darum nennt man sie heute die Rote Pyramide.

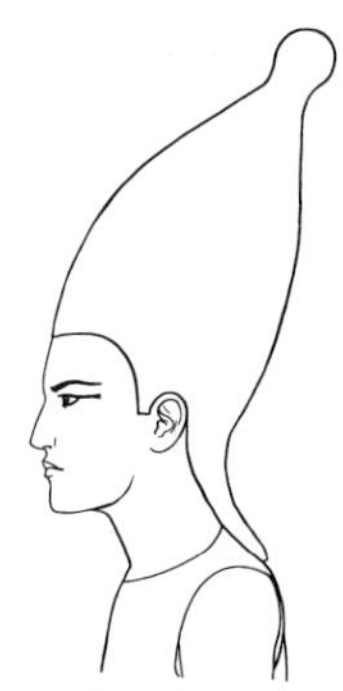

Snofru

Horus

Cheops, Sohn und Nachfolger des Snofru, wünschte ebenfalls eine Pyramide als Grabstätte. Unter der Bauleitung von Cheops' Neffen, des Wesirs Hemiunu, entstand mit der „großen Pyramide von Giza" die vollkommenste und berühmteste aller Pyramiden. Sie bildet den Höhepunkt der Pyramidenbaukunst und gilt als gewaltigstes Bauwerk der antiken Welt. In römischer Zeit zählte man sie zu den sieben Weltwundern. Sie ist das einzige dieser Wunder, das heute noch steht.

# Von der Mastaba zum Weltwunder

Infoblatt (3)

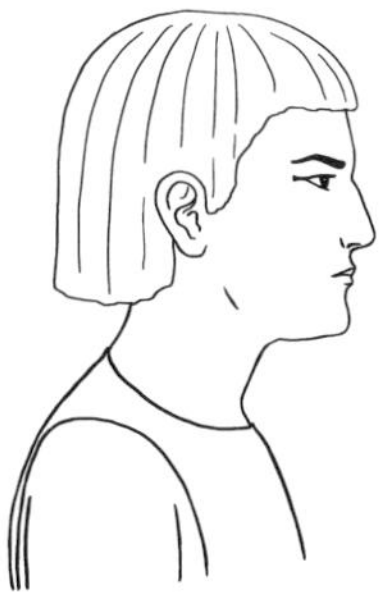

*Hemiunu*

*Nach den Bauexperimenten des Snofru gelangten meine Architekten zu der Überzeugung, dass nicht so sehr der Neigungswinkel, die Basislänge oder die Höhe die entscheidende Rolle für den Erfolg eines Pyramidenprojektes sind, sondern die Qualität des Untergrundes. Für die Pyramide des Cheops wählte ich deshalb das Felsenplateau von Giza als Bauplatz aus. Ein Steigungswinkel von 52° war auf diesem festen Untergrund nun kein Problem mehr. Die Basislänge der Pyramide beträgt 230 Meter, ihre Höhe 147 Meter. Insgesamt ließ ich etwa 2,5 Millionen Steinblöcke verbauen. Der Bau dauerte 20 Jahre und wurde noch zu Lebzeiten des Cheops vollendet.*

*Chephren, der Sohn und Nachfolger des Cheops, ließ sich neben der Pyramide des Vaters ein eigenes Grabmonument anlegen. Seine Pyramide ist mit 143 Metern etwas kleiner als die des Cheops, wirkt aber durch die etwas höhere Lage größer. An ihrer Spitze befinden sich noch Reste der weißen Kalksteinverkleidung. Die berühmte Sphinx bewacht die Grabstätte des Chephren bis heute. Mykerinos, Sohn und Erbe des Chephren, ließ seine Pyramide ebenfalls in Giza erbauen. Sie ist mit ihren 66 Metern nicht halb so groß wie die seines Vaters und entstand zu einer Zeit, in der die Pharaonen an Macht verloren hatten.*

*Horus*

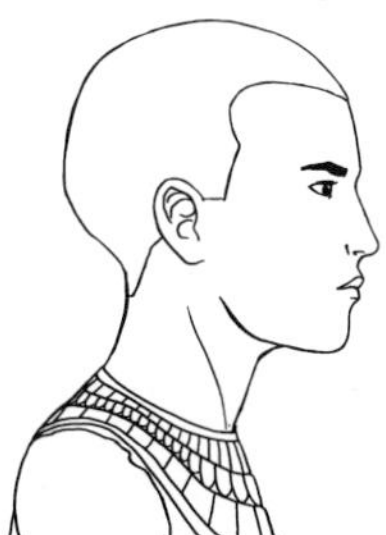

*Imhotep*

*Bis zum Beginn des Neuen Reiches (um 1550 v. Chr.) hielten viele Herrscher Ägyptens an der Tradition der königlichen Pyramidengräber fest. Noch heute stehen im Norden Ägyptens etwa 80 Pyramiden. Ab der 18. Dynastie ließen sich die Pharaonen des Neuen Reiches 500 Kilometer weiter südlich im Tal der Könige prächtige Felsengräber anlegen. Meine Idee aber lebt bis heute weiter. Architekten der Antike und der Neuzeit verwendeten die Form der Pyramide für repräsentative Bauwerke. Kennst du die Cestius-Pyramide in Rom, die Glaspyramide des Louvre in Paris oder die Pyramide des Luxor-Casinos in Las Vegas?*

# Von der Mastaba zum Weltwunder

Arbeitsblatt

① M ___ ___ ___ ___ ___ ___
(1. und 2. Dynastie)

© wikipedia.com

© David M. Garcia – wikipedia.com

② Die S ___ ___ ___ ___ ___ -
pyramide des I ___ ___ ___ ___ ___ p
(3. Dynastie)

③ Die drei Pyramiden des S ___ ___ ___ ___ ___
(4. Dynastie)

© P.idzkiewicz – wikipedia.com

④ Pyramide von ___ ai ___ ___ ___

© wikipedia.com

⑤ ___ ___ ___ckpyramide

© wikipedia.com

⑥ R ___ ___ ___ Pyramide

© stil&foto–Fotolia.com

⑦ Pyramide des
Ch ___ ___ ___ ___
(4. Dynastie)

© Dieter Schütz/PIXELIO

⑧ Pyramide des
Ch ___ ph ___ ___ ___
(4. Dynastie)

© wikipedia.com

⑨ Pyramide des
M ___ ___ ___ ___ ___ ___ ___ s
(4. Dynastie)

## Aufgaben

1. Lies das Gespräch zwischen Horus und den Erbauern der Pyramiden auf den Infoblättern. Ergänze anschließend die fehlenden Buchstaben in den Namen der Personen und Bauwerke.
2. Wie viele Fußballplätze (105 m x 70 m) passen auf die Grundfläche der Cheopspyramide?
3. Vergleiche die Höhe der Cheopspyramide mit dem höchsten Bauwerk deiner Stadt oder Gemeinde.

# Lesezeichen mit Götter-Motiven

Arbeitsblatt

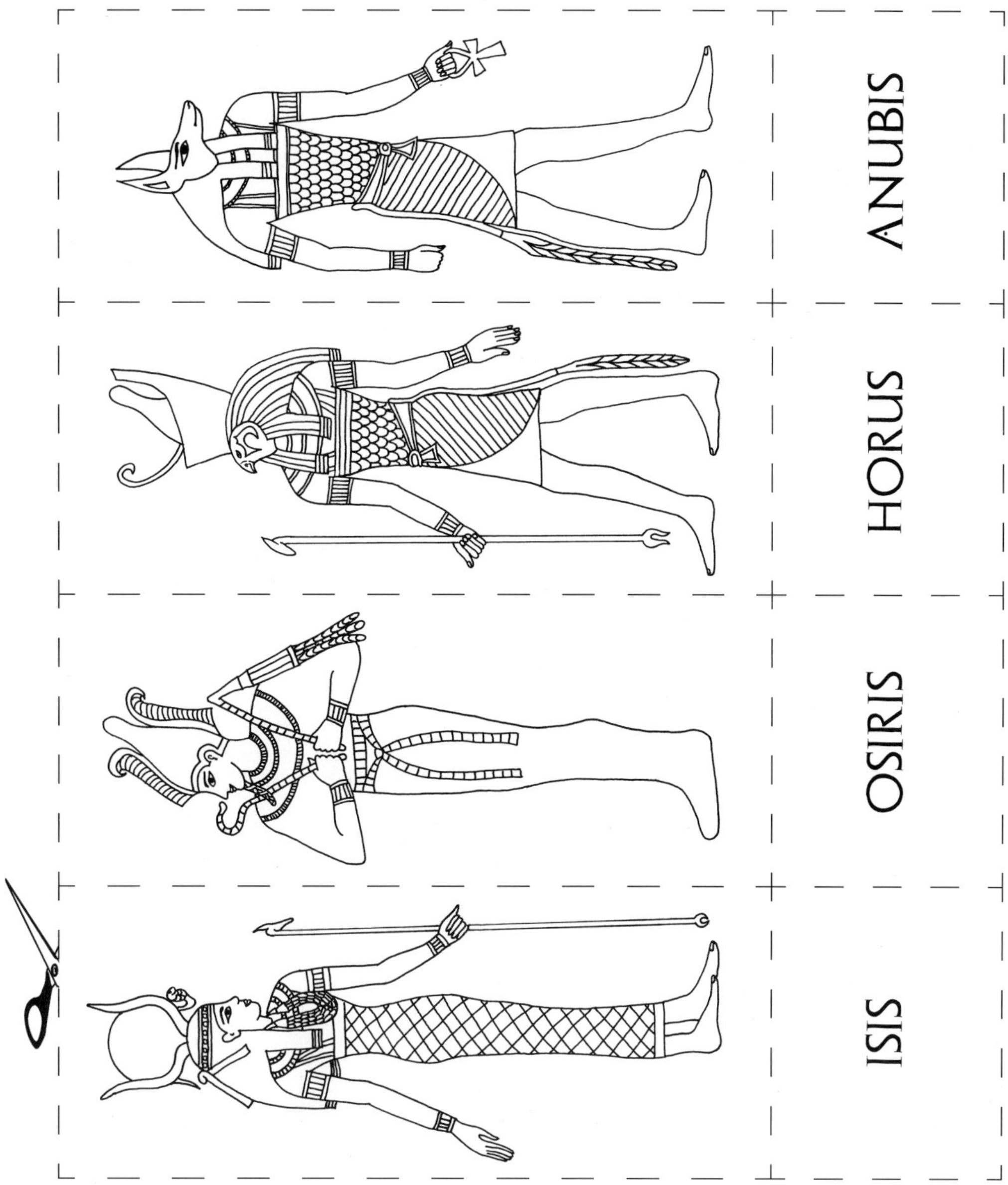


## Aufgabe

Bemale dein Göttermotiv mit Bunt- oder Filzstiften. Suche dazu in Büchern nach passenden Malvorlagen.

**Beispiel:** Osiris und Hapi wurden von den ägyptischen Malern mit blaugrüner oder grüner Hautfarbe dargestellt. Das Mumiengewand des Osiris war immer weiß. Auch der Kopfschmuck der Gottheiten wurde mit festgelegten Farben bemalt.
Weibliche Gottheiten hatten eine wesentliche hellere Hautfarbe als männliche.

## Tipp

Wenn du das bemalte Lesezeichen laminierst, am unteren Ende lochst und mit einem Band verzierst, sieht es noch schöner aus!

**Viel Spaß und Erfolg beim Stöbern, Forschen und Malen!**

# Die Osiris-Legende

Infoblatt

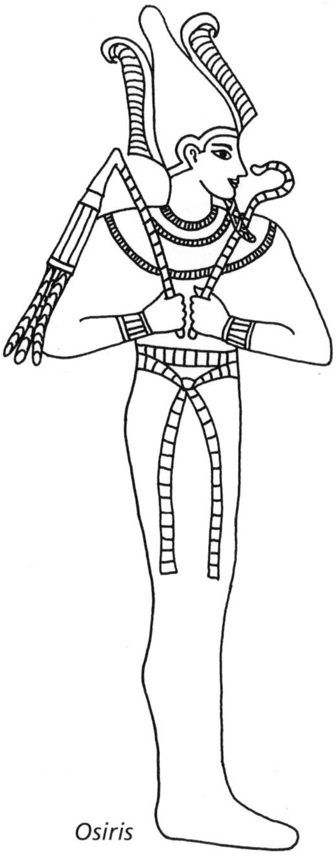

*Osiris*

In einem goldenen Zeitalter regierte **Osiris** das Land Ägypten als weiser und friedfertiger König gemeinsam mit seiner Gattin **Isis**. Die Ernten gediehen, das Klima war angenehm, es herrschte Ordnung auf Erden und Gerechtigkeit unter den Menschen. Osiris unterwies seine Untertanen im Anbau von Feldfrüchten, in der Kunst der Bewässerung, im Städtebau und in der Verehrung der Götter. Er stellte für die Menschen Gesetze auf und achtete auf deren Einhaltung. Seine Gemahlin Isis unterstützte ihn, indem sie die Frauen lehrte, wie man den Haushalt führt und Krankheiten heilt. Ein weiterer Helfer war **Thot,** der Schreiber des Osiris. Er erfand die Künste und die Wissenschaften.

Diese friedliche Zeit fand ein jähes Ende, als der König Osiris von seinem Bruder **Seth** ermordet wurde. Seth zerstückelte den Leichnam des Osiris in 14 Teile und verstreute sie über das ganze Land.

Isis begab sich auf eine lange Suche nach den Körperteilen ihres Gatten. Begleitet wurde sie von ihrer Schwester **Nephtys,** Seths Ehefrau, die den Mord an Osiris verurteilte. Als die Schwestern endlich alle Teile gefunden hatten, setzte Isis den Körper des toten Königs wieder zusammen, salbte ihn mit kostbaren Ölen und wickelten ihn in Leinentücher. Durch die Einbalsamierung rettete Isis den Körper ihres Gatten vor dem Verfall und ermöglichte ihm so das ewige Leben.

*Isis mit Horus auf dem Schoß*

Mit Hilfe magischer Kräfte gelang es ihr, vom toten Osiris noch den gemeinsamen Sohn **Horus** zu empfangen.
Isis umsorgte und beschützte Horus, bis dieser alt genug war, um Seth herauszufordern und ihm das Königreich seines Vaters Osiris zu entreißen.
Nach langen Kämpfen erhielt Horus sein Erbe und sorgte für Ordnung, Frieden und Gerechtigkeit im ganzen Land. Seth musste in ferne Wüstengebiete fliehen und als Verbannter in der Fremde leben.

So wurde Osiris zum Herrscher über das Reich der Toten und sein Sohn Horus zum Herrscher über die Lebenden. Seth aber wurde zum Sinnbild des Chaos und der Gewalt, zum Gott der Wüste und der Stürme.

# Die Osiris-Legende

Arbeitsblatt (2)

Horus erwies sich im Kampf gegen Seth als tapferer Krieger. Doch obwohl er die Streitkräfte des Seth wiederholt zerschlug, gelang es ihm nicht, den Gegner endgültig zu vernichten, da dieser sich stets wieder von seinen Wunden erholte. Auch Seth war nicht in der Lage, Horus zu besiegen. Um endlich eine Entscheidung über die Thronfolge herbeizuführen, brachte Seth den Fall vor den göttlichen Gerichtshof.

*Ich, Seth, bin älter, erfahrener und stärker als Horus. Deshalb bin ich besser geeignet, um über Ägypten zu herrschen. Der Thron des Osiris steht mir zu, denn ich habe Osiris besiegt.*

Thot, der Schreiber und Ratgeber des Osiris, setzte sich daraufhin vor Gericht für Horus ein. Er forderte vom Göttergericht eine gerechte Entscheidung und verurteilte die brutale Gewalt, mit der Seth nach der Macht strebte.

## Aufgaben

**1.** Lies die Osiris-Legende auf dem Infoblatt sorgfältig durch.
   ☥ Warum steht der Thron nach Meinung des Thot dem Horus zu?
   ☥ Welche Gründe könnte Thot dafür anführen? Schreibe sie in das leere Feld.

**2.** Suche dir zwei Mitspieler. Stellt die Gerichtsverhandlung als Rollenspiel dar.

# Die Osiris-Legende

Arbeitsblatt (1)

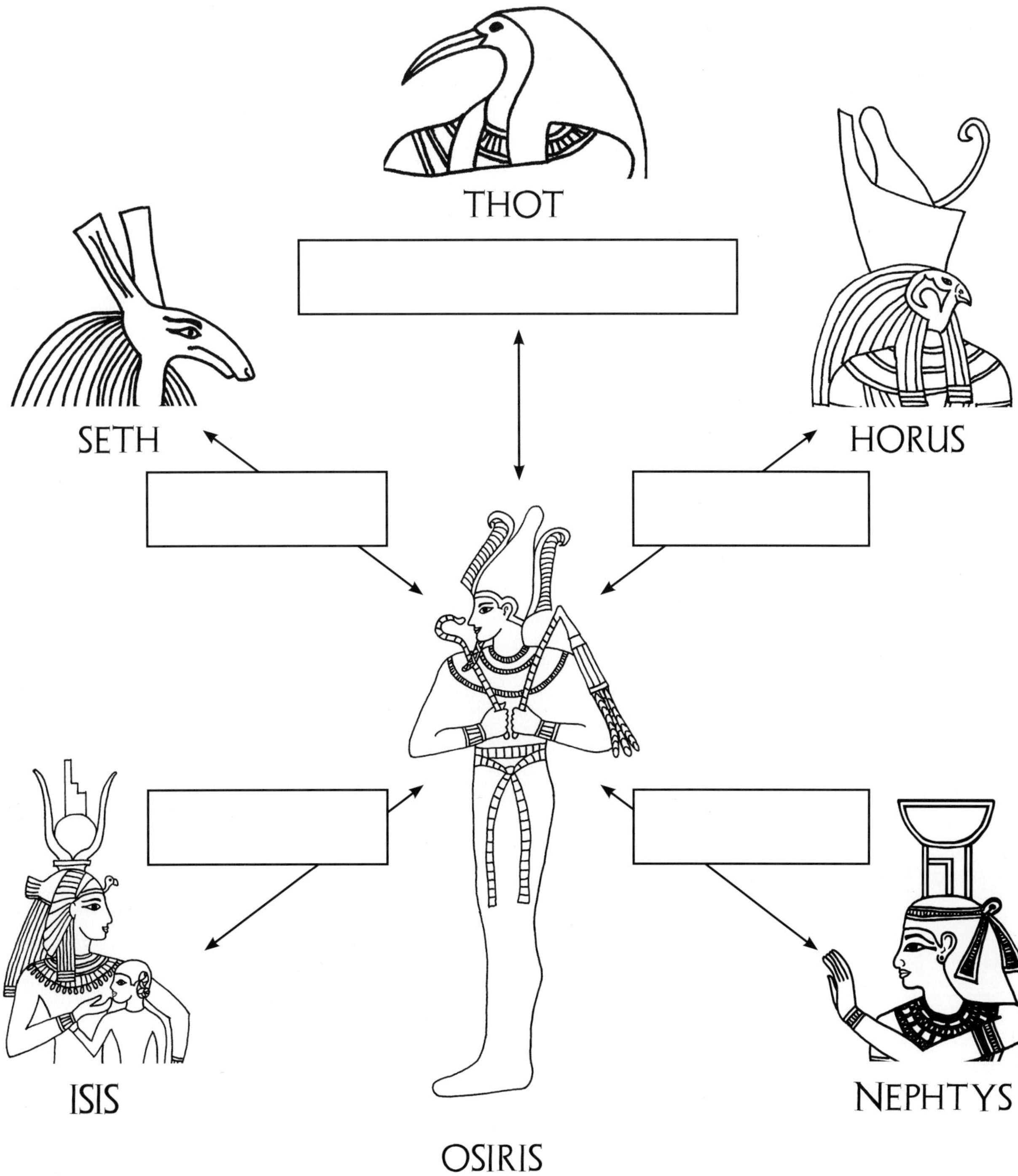


## Aufgaben

Hier siehst du Osiris zusammen mit anderen ägyptischen Gottheiten.

1. In welcher Beziehung stehen sie zu Osiris? **Setze ein:** *Sohn, Ehefrau, Schwägerin, Bruder, Ratgeber*
2. Wer hat Osiris ermordet? Kreise den Namen des Mörders rot ein.

## Tipp

Die Osiris-Legende auf dem Infoblatt hilft dir beim Lösen der Aufgaben.

# Das Totengericht

Infoblatt

*Papyrus: Szene aus dem Totenbuch des königlichen Schreibers Hunefer, 1285 v. Chr.*

Die Ägypter glaubten, dass vor dem Eingehen ins Jenseits das Verhalten eines Menschen während seines Erdenlebens von den Göttern beurteilt wird. Dazu führt Anubis den Verstorbenen zu einem Totengericht in die Halle der vollkommenen Wahrheit. Dort erwartet ihn Osiris, der Herrscher über das Totenreich, zusammen mit seiner Gemahlin Isis und deren Schwester Nephtys. Auch Thot, der Gott der Weisheit, und Horus, der Sohn von Isis und Osiris, sind anwesend.

*© korneloni/PIXELIO*

*drei Herz-Skarabäen*

Vor einem Tribunal aus 14 göttlichen Richtern versichert der Verstorbene, dass er sich keines Vergehens schuldig gemacht hat. Nun führt Anubis den Verstorbenen zu einer großen Waage. Dort wird dessen Herz, das als Sitz seines Denkens und Fühlens gilt, gegen die Feder der Göttin Maat aufgewogen, die für Wahrheit, Gerechtigkeit und Ordnung steht. Das Ergebnis wird von Thot, dem Schreiber der Götter, aufgezeichnet. Wer die Prüfung besteht, wird von Horus zu Osiris geleitet und darf ins ewige und paradiesische Jenseits eingehen. Ist das Herz des Verstorbenen aber von Missetaten beschwert, so wird es von einem Ungeheuer verschlungen, das bereits am Fuße der Waage lauert. Es ist Ammit, ein Wesen mit dem Kopf eines Krokodils, der Mähne, den Vorderbeinen und dem Körper eines Löwen und den Hinterbeinen eines Flusspferdes. Die Existenz des Verstorbenen ist damit vollständig vernichtet.

Um zu verhindern, dass das eigene Herz gegen den Verstorbenen aussagt, gab man ihm einen Skarabäus als Schutzamulett mit, auf dessen Unterseite geschrieben stand:
*Oh mein Herz, das ich auf Erden besaß, sprich nicht gegen mich aus, wenn es um meine Taten geht.*

# Das Totengericht

Arbeitsblatt

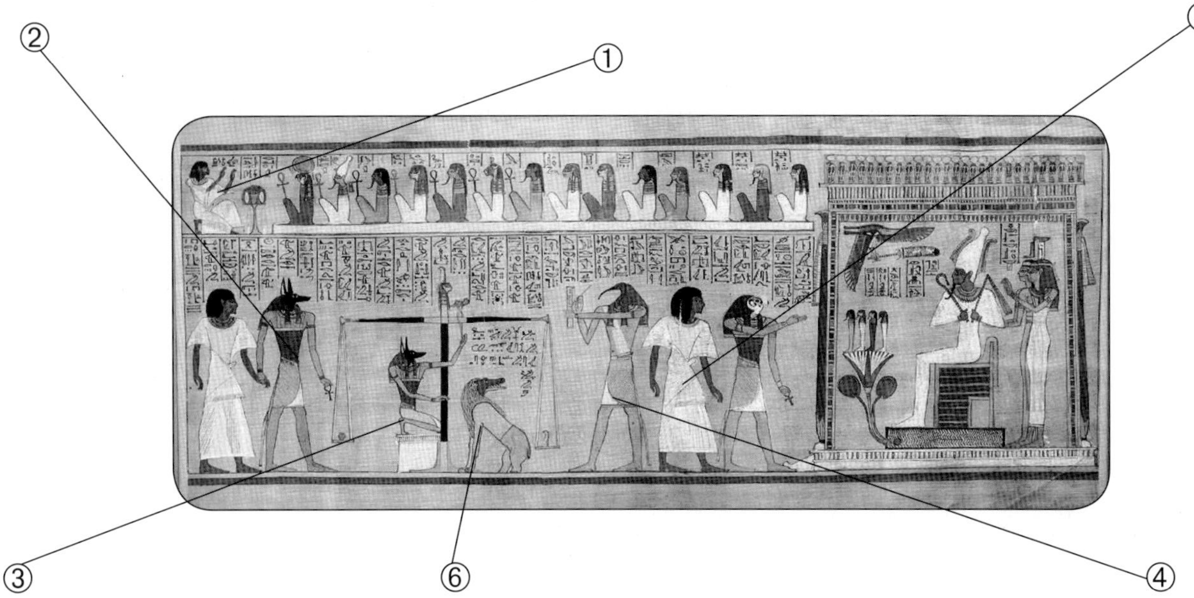


① ______________________

② ______________________

③ ______________________

④ ______________________

⑤ ______________________

⑥ ______________________

## Aufgaben

1. Lies das Infoblatt über das Totengericht aufmerksam durch.
2. Notiere dir zu den sechs nummerierten Szenen Stichpunkte, die den Verlauf der „Gerichtsverhandlung" beschreiben.
3. Schreibe selbst eine Liste von „Vergehen", die du nicht begangen hast, und trage sie einer Versammlung von „göttlichen Richtern" aus deiner Klasse vor. Ob du die Prüfung bestehst?

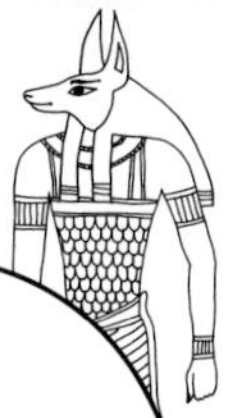

# Der Korn-Osiris

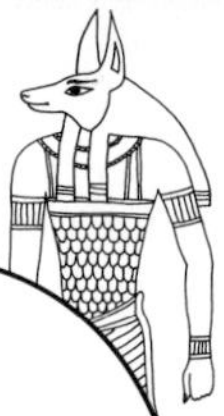

Infoblatt

*Korn-Osiris aus Ton*

## Anleitung für einen Korn-Osiris aus Ton

Osiris wurde von den Menschen im alten Ägypten sehr verehrt. Sie hofften, mit seiner Hilfe das ewige Leben nach dem Tod zu erlangen. In vielen Gräbern wurde ein Korn-Osiris aufgestellt. In eine Holz- oder Tonform wurde Erde gefüllt und Weizen eingesät. So wie das scheinbar leblose Korn keimte und zu einer lebendigen Pflanze heranwuchs, wollten auch die Menschen nach ihrem Tod wieder zum Leben erwachen. Im Grab des jungen Pharaos Tut-Anch-Amun fanden die Archäologen einen Korn-Osiris aus Holz, der über einen Meter lang war!

### Tipp

Wenn du für den Korn-Osiris eine lufttrocknende Masse verwendest, fällt das Brennen weg.

### Aufgabe

Stelle selbst eine Form aus Ton für einen Korn-Osiris her, die du mit Weizensamen besäen kannst. Am besten gehst du so vor:

☥ Schneide die Schablone für den Korn-Osiris sorgfältig aus.

☥ Forme aus Ton einen passenden Quader, der etwa etwa 2 cm hoch, 20 cm lang und 12 cm breit ist.

☥ Lege die Schablone auf den Tonquader, und umfahre sie mit einem Nagel.

☥ Höhle das Innere der Osiris-Figur vorsichtig etwa 1 cm tief aus.

☥ Drehe den Korn-Osiris um. Steche mit dem Nagel etwa 1,5 cm tief in die Flächen, welche die Osiris-Figur umgeben. Dann trocknet die Form schneller aus.

☥ Lass deinen Korn-Osiris lange genug trocknen, damit der Ton beim Brennen nicht reißt!

# Der Korn-Osiris

Arbeitsblatt

**Schablone für den Korn-Osiris**

## Aufgaben

1. Bepflanze deinen Korn-Osiris, und erfülle ihn so mit Leben.
   - ☥ Fülle den Korn-Osiris zur Hälfte mit Erde.
   - ☥ Säe die Weizenkörner ein.
   - ☥ Bedecke die Körner mit Erde, und drücke alles fest.
   - ☥ Begieße die Erde regelmäßig mit etwas Wasser.
2. Woran soll der christliche Brauch, Ostergras anzusäen, erinnern? Gibt es Ähnlichkeiten mit dem Korn-Osiris?

# Der Beruf des Schreibers

Infoblatt (1)

*Eine Ausbildung zum Schreiber war im alten Ägypten der erste Schritt in der beruflichen Laufbahn eines königlichen Beamten. Schreibkundige Beamte wurden in vielen Bereichen benötigt: beim Berechnen und Eintreiben der Steuern, bei der Verwaltung der Vorratsspeicher und der Tempel und beim Militär. Als Schreiber gehörte man zur Elite des Landes, denn nur ein Prozent der ägyptischen Bevölkerung konnte lesen und schreiben. Beamte verfügten über ein gesichertes Einkommen, genossen großes Ansehen in der Gesellschaft und hatten gute berufliche Aufstiegsmöglichkeiten.*

Hier siehst du **Hesire**, einen hohen Beamten zur Zeit des Alten Reiches. In der **linken Hand** hält Hesire **Stab** und **Zepter** als Insignien seines Amtes. Auch er begann seine Beamtenlaufbahn als Schreiber. Mit Stolz trägt er sein **Schreibwerkzeug** über der rechten Schulter: eine Palette mit den Farben Rot und Schwarz, ein Wassertöpfchen und einen länglichen Behälter für die Schreibpinsel. Alle drei Gegenstände waren mit einer Schnur verbunden und konnten so bequem mitgenommen werden.

*Holzrelief des Hesire*

© Verlag an der Ruhr • Postfach 10 22 51 • 45422 Mülheim an der Ruhr • **www.verlagruhr.de** • ISBN 978-3-8346-0565-8

# Der Beruf des Schreibers

Infoblatt (2)

*Schreiber bei der Getreideernte*

Hier beaufsichtigten **Schreiber** aus der Zeit des **Neuen Reiches** die Getreideernte. Sie halten drei längliche **Schreiberpaletten** aus Holz in den Händen, in die neben den beiden Vertiefungen für die Farben noch ein Fach für die Schreibpinsel eingearbeitet ist. Die Pinsel wurden aus trockenen Stängeln von Binsen hergestellt. Bevor es mit dem Schreiben losging, schnitt der Schreiber eine Binse schräg an und zerkaute sie an einem Ende mit den Zähnen zu einem faserigen Pinsel. Die Pigmente für die Farben stellte man aus roter Tonerde und Holzkohle her. Beides wurde zu Pulver zermahlen, mit Harz und Wasser angerührt, in die Vertiefungen der Schreibpalette gegeben und getrocknet. Der Schreiber tauchte, ähnlich wie du beim Malen mit Wasserfarben, die Binse ins Wasser und strich damit so lange über die Farbe, bis sich genügend gelöst hatte, um mit dem Schreiben zu beginnen. Der normale Text wurde schwarz geschrieben, für Überschriften verwendete man rote Farbe.

*Statue eines Schreibers*

Viele hohe Beamte ließen sich **Statuen** anfertigen, die sie in der typischen **Sitzhaltung** eines **Schreibers** darstellten: mit überkreuzten Beinen und einer Papyrusrolle auf dem straff gezogenen Schurz. So zum Beispiel auch Haremhab, der seine Karriere als Militärschreiber begann, unter Pharao Echnaton zum General aufstieg und nach dem frühen Tod des Kindkönigs Tut-Anch-Amun selbst Pharao wurde. Schriftrollen aus Papyrus, wie sie dieser Schreiber hier in der Hand hält, wurden nur für wichtige Dokumente benutzt. Für alltägliche Aufzeichnungen oder für Textentwürfe verwendete man weiß getünchte Holztafeln, die nach Gebrauch wieder überstrichen werden konnten. Den gleichen Vorteil boten Tafeln aus Kalkstein, die mit einem Polierstein abgeschliffen und erneut beschrieben wurden. Für kurze Notizen eigneten sich Tonscherben.

# Der Beruf des Schreibers

Arbeitsblatt

*Finde den Namen des berühmten Gelehrten heraus, der unter Pharao Djoser als höchster Beamter diente. Er leitete die Arbeiten für die erste Pyramide der ägyptischen Geschichte: die Stufenpyramide von Sakkara. Die Schreiber verehrten ihn als Schutzpatron. Zu seinen Ehren versprengten sie vor Beginn der Arbeit einen Tropfen aus ihrem Wassernapf.*

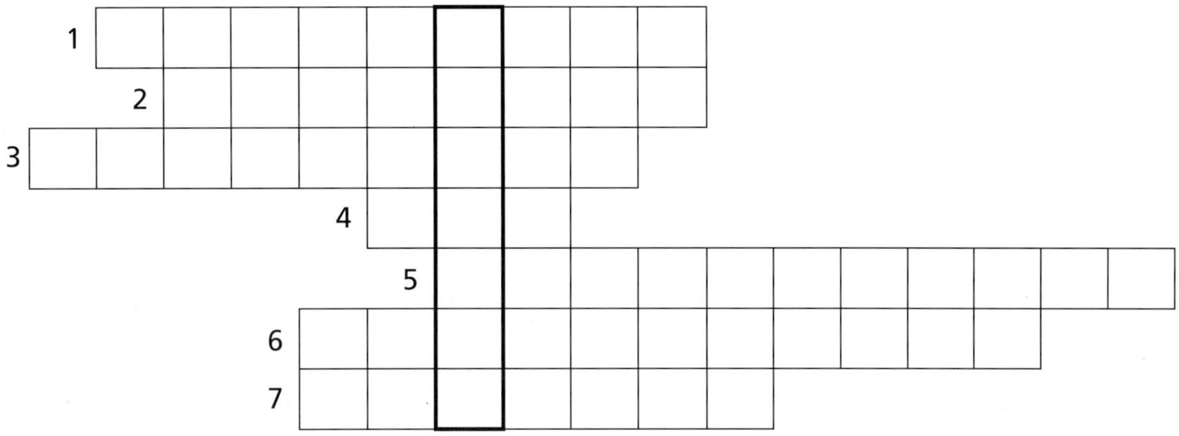


**Der Schutzpatron der Schreiber hieß:**

______________________________

## Aufgabe

Folge den Anweisungen des Schreibergottes Thot, und löse das Kreuzworträtsel.

## Tipp

Die Erklärungen auf den Infoblättern erleichtern dir das Lösen des Rätsels.

1. Welchen Beruf erlernte ein königlicher Beamter zuerst?
2. Welcher Pharao begann seine Karriere als Militärschreiber?
3. Woraus stellte man schwarze Schreibfarbe her?
4. Welche Schreibfarbe gab es noch neben schwarz?
5. Was benutzten die Schreiber als „Notizzettel"?
6. Welchen Teil eines Textes hob ein Schreiber mit roter Farbe hervor?
7. Woraus wurden Schriftrollen hergestellt?

# Die Entzifferung der Hieroglyphen

Infoblatt

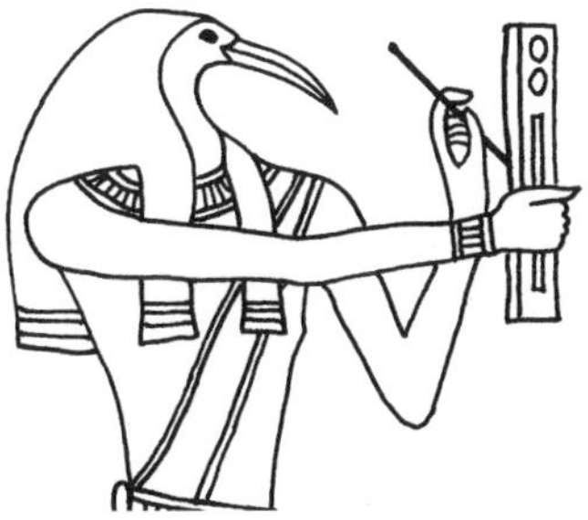

*Lass uns eine kleine Zeitreise unternehmen, du in die Vergangenheit und ich in die Zukunft. Wir treffen uns im Jahr 1822. Ein Franzose namens Jean-François Champollion hat mit Hilfe des Steines von Rosette die Hieroglyphen entschlüsselt. Dieser Stein von Rosette war ein Glücksfall für die Wissenschaft. Auf ihm war derselbe Text in drei verschiedenen Schriften eingraviert: mit Hieroglyphen, in ägyptischer Schreibschrift, auch demotische Schrift genannt, und in griechischer Schrift. 1500 Jahre lang war das Wissen um die Hieroglyphen in Vergessenheit geraten, doch nun ist das Rätsel endlich gelöst! Alle Welt bejubelt die Leistung des Monsieur Champollion. Gerade sprach er mit dem Berichterstatter einer viel gelesenen Zeitschrift. Unglücklicherweise sind dem Reporter die Notizzettel mit den Fragen und Antworten durcheinandergeraten. Er hätte eben doch lieber eine Papyrusrolle nehmen sollen! Kannst du ihm weiterhelfen?*

Hieroglyphen

demotische Schrift

griechische Schrift

## Aufgabe

1. Schneide die Notizzettel des Reporters auf Arbeitsblatt 1 und 2 aus, und sortiere die Fragen und Antworten in der richtigen Reihenfolge.
2. Überlege dir eine passende Schlagzeile für die sensationelle Nachricht von der Entschlüsselung der Hieroglyphen.
3. Schreibe mit Hilfe des Interviews einen begeisterten Zeitungsartikel. Wähle ein Datum Ende 1822.
4. Gestalte deinen Artikel mit Bildern von Champollion und dem Stein von Rosette. Sicher findest du Material im Internet.
5. Wie lautet der Name der Königin, von der Champollion bei seiner letzten Antwort spricht?

# Die Entzifferung der Hieroglyphen

Arbeitsblatt (1)

③ **Frage:**
Schon vor Ihnen, Monsieur Champollion, hatten sich Spezialisten bemüht, mit Hilfe des Steines von Rosette die Hieroglyphenschrift zu entschlüsseln. Warum ist das nicht gelungen?

⑤ **Frage:**
Welches war nun das erste Wort, das Sie dem Vergessen entreißen konnten?

Ⓘ **Antwort:**
Nein, zum Glück nicht! Es gab auch Untersuchungen anderer Spezialisten, die meine Arbeit erleichterten. Am wichtigsten war die Vermutung des englischen Gelehrten Thomas Young, dass die Hieroglyphen, die im Text durch ovale Ringe eingeschlossen waren, königliche Namen bedeuten könnten. Er sollte Recht behalten. Hier lag der Schlüssel zum Erfolg.

Ⓢ **Antwort:**
Mit 11 Jahren sah ich in einer Ausstellung zum ersten Mal Papyrusfragmente und Steintafeln mit Hieroglyphen. Man erzählte mir, dass niemand ihre Bedeutung kenne. Voller Begeisterung schwor ich mir, dass ich die Hieroglyphenschrift eines Tages würde lesen können.

Ⓣ **Antwort:**
Auf dem Stein von Rosette befand sich eine Gedenkschrift zur Erinnerung an die Krönung des Pharaos Ptolemaios V. Zu dieser Zeit wurden amtliche Schriftstücke oft zweisprachig abgefasst: in Griechisch, der Sprache und Schrift der ptolemäischen Pharaonen, und in demotischer Schrift, der damals gebräuchlichen Schrift für die ägyptische Sprache. Ein Glück für die Wissenschaft, dass der Text auf dem Stein auch noch in der Hieroglyphenschrift eingemeißelt war. Die griechische Fassung des Textes war der Schlüssel zur Entzifferung der beiden anderen Schriften.

② **Frage:**
Bei Festungsarbeiten in Rosetta, einem Ort im Nildelta, hatten französische Soldaten im Jahr 1799 den berühmten „Stein von Rosette" gefunden. Zu diesem Zeitpunkt waren Sie gerade 9 Jahre alt. Warum war dieser unscheinbare Granitblock so wichtig für die Entschlüsselung der Hieroglyphen?

# Die Entzifferung der Hieroglyphen

Arbeitsblatt (2)

①

**Frage:**
Wann begannen Sie damit, sich für die Entzifferung der Hieroglyphen zu interessieren?

Ⓝ

**Antwort:**
Es waren eigentlich zwei Wörter: der Name des Pharaos Ptolemaios, an dessen Krönung der Stein erinnert, und der Name einer Königin, den Sie selbst herausfinden können, wenn Sie jetzt gut aufpassen!
Ich ging davon aus, dass die Hieroglyphen im Namensring des Steines von Rosette für die einzelnen Laute des Wortes „Ptolemaios“ stehen. Dann verglich ich diese Zeichen mit dem Namensring aus einem anderen Text. Ich übertrug das P O und L von „Ptolemaios“ und erhielt die Anordnung „_L_OP_ _ _ _“. Es war der Name der letzten Königin Ägyptens. Kommen Sie selbst darauf? Ich zeige es Ihnen auch noch einmal im Original.

④

**Frage:**
Also waren alle Sprachwissenschaftler vor Ihnen auf dem Holzweg, was die Entschlüsselung der Hieroglyphen betrifft?

Ⓔ

**Antwort:**
Der Irrtum dieser Menschen bestand darin, dass sie annahmen, die Hieroglyphenschrift sei eine reine Bilderschrift, bei der für jedes Wort ein Zeichen stehen würde. Das konnte aber nicht sein! Ich hatte sowohl die griechischen Wörter, als auch die Hieroglyphenzeichen in den beiden Textfassungen nachgezählt und herausgefunden, dass den 500 Wörtern des griechischen Textes mehr als 1400 Hieroglyphen gegenüberstehen. Dabei ist von dem griechischen Text auf dem Stein wesentlich mehr erhalten als vom Hieroglyphentext. Folglich musste zumindest ein Teil der Zeichen für Laute oder Silben stehen.

Ptol[e]mai[o]s

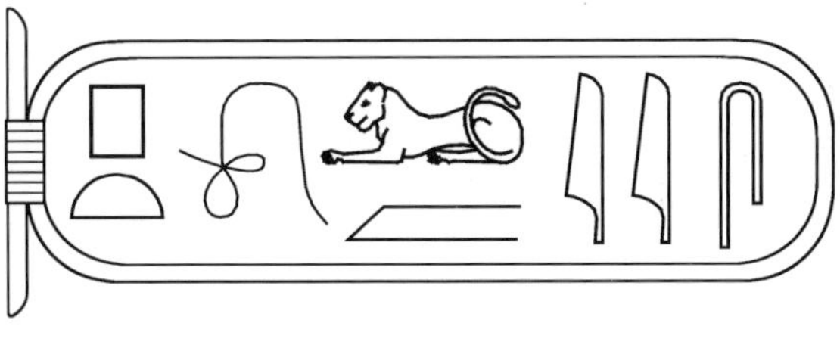

__ l __ o p __ __ __ __

# Die ägyptischen Zahlen

Infoblatt (1)

*Zahlen waren für die alten Ägypter sehr wichtig. Sie brauchten sie zum Vermessen der Felder, zum Berechnen der Steuern, zur Bestandsaufnahme in den Vorratsspeichern, für den Handel, für die Planung großer Gebäude, für die Zeitmessung und für die Berechnung des Kalenders. Man benutzte ein Zehnersystem mit Hieroglyphen für die Zahlen Eins, Zehn, Hundert, Tausend, Zehntausend, Hunderttausend und die Million. Der Gelehrte Imhotep wird dir alles Weitere erklären.*

| Zahl | Hieroglyphe | altägyptische Aussprache | Bedeutung |
|---|---|---|---|
| 1 |   | wa | Strich |
| 10 | 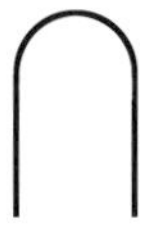 | medschu | Seil |
| 100 |  | schenet | Schiffstau |
| 1 000 |  | cha | Lotuspflanze |
| 10 000 |  | dscheba | Finger |
| 100 000 |  | hefen | Kaulquappe |
| 1 000 000 |  | heh | Heh, Gott der Unendlichkeit |

# Die ägyptischen Zahlen

Infoblatt (2)

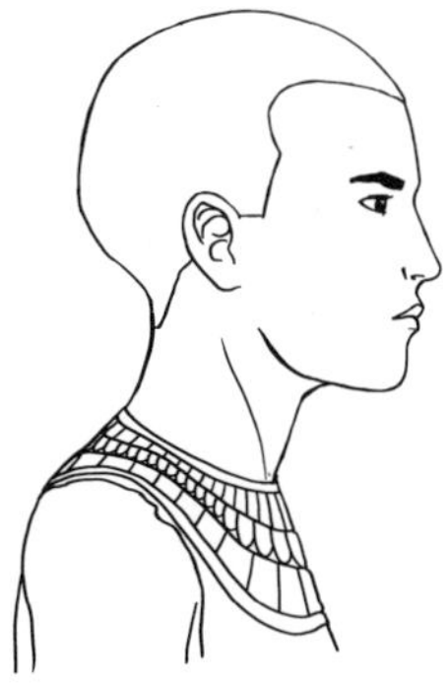

*Eine Hieroglyphe wird so oft wie nötig wiederholt, um eine gewünschte Zahl darzustellen. Für die Zahl Drei schreibst du also drei Striche, für die Zahl Neun schreibst du neun Striche. Ab der Zahl Zehn wird zum nächst höheren Zahlzeichen, dem Seil, gewechselt. Jedes Zahlzeichen wird höchstens neunmal geschrieben, dann folgt das nächst höhere. Ein Zeichen für die Null brauchen wir nicht. Die größeren Zahlzeichen stehen bei gemischten Zahlen jeweils vorne. Gott Heh und die Kaulquappe blicken zum Anfang der Zahl:*

3: 

63: 

244: 

23 100: 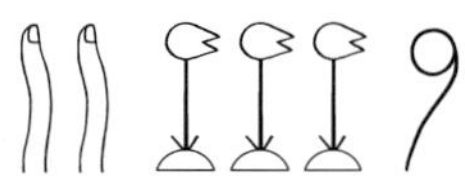

1 111 000: 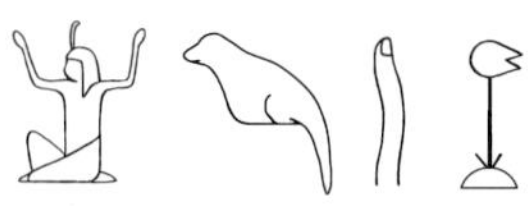

1 121 203: 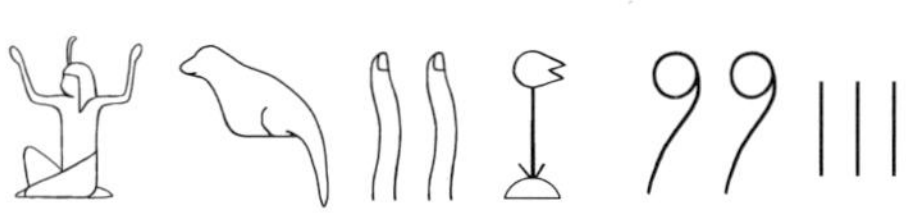

*Wenn du Lust hast, kannst du versuchen, auf altägyptisch von Eins bis Zehn zu zählen. Es ist wirklich ganz leicht:*
*wa, senuj, chemet, jfedu, dju, sjsu, sefechu, chemenu, pesedschu, medschu*

# Die ägyptischen Zahlen

Arbeitsblatt

***Junger Schreiber, junge Schreiberin!***

*Der Vorsteher des Hauses des Lebens beauftragt dich mit der großen Zählung. Zähle genau, oder frage bei Bedarf nach. Fülle die Liste gewissenhaft aus. Möge Thot dein Auge schärfen! Möge Imhotep dir die Binse führen!*

| **Kategorie** | **Anzahl** | **Anzahl in ägyptischen Zahlen** |
|---|---|---|
| *Lehrer der Schule* | | |
| *Klassen der Schule* | | |
| *Schülerzahl insgesamt* | | |
| | | |
| | | |
| | | |

## Aufgaben

Verstehst du die Anweisung auf der Schriftrolle? Als Haus des Lebens wurde im alten Ägypten die Schule bezeichnet. Der Vorsteher im Haus des Lebens entspricht deinem Schulleiter oder deiner Schulleiterin, mit der großen Zählung ist die Schulstatistik gemeint.

1. Was könntest du in deiner Schule oder im Klassenzimmer noch zählen? Trage es in die Liste ein.
2. Wo liegen die Gemeinsamkeiten und Unterschiede zwischen den modernen und den alten Zahlen?
3. Schreibe die Zahlen 53 876 und 20 932 untereinander, und addiere schriftlich.
   - ☥ Geht das auch mit den altägyptischen Zahlen?
   - ☥ Wo liegen die Schwierigkeiten?
   - ☥ Welche Vorteile bieten unsere Ziffern und das Stellenwertsystem?

# Handwerksberufe

Arbeitsblatt

*Die Schönheit und Qualität altägyptischer Gebrauchsgegenstände wie Möbel, Schmuck und Keramik beweisen, dass es im alten Ägypten eine Vielzahl spezialisierter Handwerker gab. Auch auf den Baustellen des Pharaos und der hohen Beamten waren geschickte Fachleute gefragt. Sie errichteten prächtige Paläste, Tempel und Grabmäler für ihre mächtigen Bauherren. In diesem Silbenrätsel sind zwölf Handwerksberufe versteckt, die anhand von Fundstücken oder durch ihre Darstellung in den Gräbern hoher Beamter für die damalige Zeit belegt sind.*

*Schreiner*

© Joachim Willeitner

*Maurer*

© Joachim Willeitner

*Mau ser mann rü ter metz We Stein Gold schmied Töp blä ner Schrei fer ber Schus ma cher gie tall Me mer Zim ßer Korb cken rer ma cher Per Glas*

## Aufgaben

1. Setze die Silben richtig zusammen, und schreibe die zwölf Handwerksberufe auf.
2. Betrachte die Abbildungen aus dem Grab des Wesirs Rechmire:
   - Wie haben sich die Arbeitsbedingungen im Vergleich zur heutigen Zeit verändert?
   - Gibt es Gemeinsamkeiten? Tausche dich mit deiner Klasse aus.

# Mode und Schönheitspflege

Infoblatt

*Die vornehmen Ägypter trugen Kleidung aus weißem Leinen. Bis zum Ende des Mittleren Reiches kleideten sich die Männer mit einem gewickelten, knielangen Schurz, die Frauen mit einem langen, eng anliegenden Kleid, das von zwei Trägern an den Schultern gehalten wurde.*
*Bei festlichen Anlässen wurde die Kleidung durch prachtvolle Schulterkragen aus bunten Perlen und mehrere breite Goldringe oder Perlenbänder an Armen und Beinen ergänzt. Man ging barfuß oder trug Sandalen aus Leder. Seit dem Alten Reich war in der feinen Gesellschaft auch das Tragen von prächtigen Perücken üblich, die aus echten Haaren gefertigt wurden. Männer wie Frauen salbten ihren Körper mit wohlduftenden Ölen und betonten die Form ihrer Augen und Augenbrauen mit grüner oder schwarzer Schminke. Man lutschte wohlschmeckende Pastillen, um den Atem zu erfrischen.*
*Während des Festes trugen die Gäste auf ihren Perücken einen Kegel aus Duftsalbe, der einen angenehmen Geruch verbreitete. Die Musiker und Dienstboten waren einfacher gekleidet. Die Dienerinnen flochten ihr langes Haar in mehrere Zöpfchen und schmückten es mit Blumen und Bändern. Im Neuen Reich wurde die Kleidung der Wohlhabenden aufwändiger. Die weiße Leinenkleidung war nun sorgfältig plissiert, über dem Schurz oder dem Kleid trug man ein durchscheinendes Übergewand mit halblangen Ärmeln. Die Perücken waren stufig geschnitten, sorgfältig gelockt oder in Zöpfchen geflochten und mit Gold und Edelsteinen geschmückt.*
*Junge Dienerinnen trugen bei Festlichkeiten manchmal nur einen Gürtel und einen Perlenkragen.*

*© Joachim Willeitner*

*Dienerin mit Zöpfchenfrisur*

*© Joachim Willeitner*

*Bedienung der Gäste bei einem Gastmahl*

# Mode und Schönheitspflege

Arbeitsblatt

© Joachim Willeitner

## Aufgaben

1. Beschrifte das Bild mit den entsprechenden Kleidungs- und Schmuckstücken, die die alten Ägypter trugen: *Kleid aus weißem Leinen, Schulterkragen aus Perlen, Armring, Perücke, Augen-Schminke, Duftkegel*
2. Kleide dich selbst im Stil der alten Ägypter:
   - ☥ Wähle ausschließlich enge, weiße Kleidung: T-Shirt, Rock oder/und Hose.
   - ☥ Binde ein durchscheinendes weißes Tuch um Hüfte oder Schultern.
   - ☥ Trage Hals-, Arm- und Beinschmuck aus bunten Perlen.
   - ☥ Umrahme deine Augen mit einem schwarzen oder grünen Kajalstift.
   - ☥ Ziehe deine Augenbrauen schwarz nach.
   - ☥ Längeres Haar kannst du in mehrere kleine Zöpfchen flechten und mit bunten Bändern und Blumen schmücken.
   - ☥ Wer möchte, darf sich mit Hilfe von Parfümölen und Pastillen in Wohlgeruch hüllen.

## Tipp

Macht von allen ägyptisch-modisch gekleideten Schülern ein Gruppenfoto zur Erinnerung.

# Amulette – Schmuckstücke mit Zauberkraft

Infoblatt

© Boris Legrand – Fotolia.com

*Paar mit Kopfschmuck und Perlenkragen*

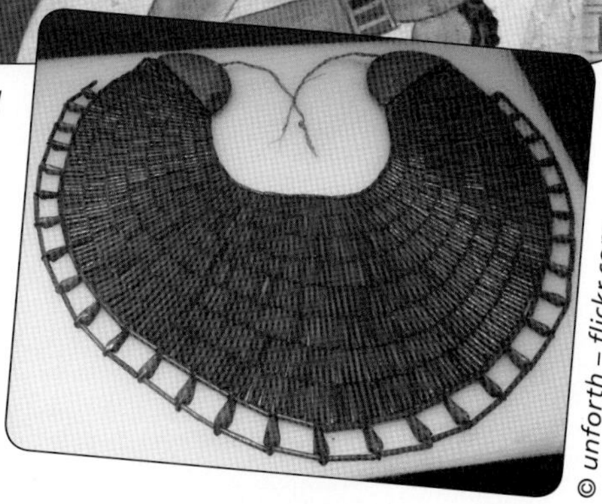

© unforth – flickr.com

*Perlenkragen aus Halbedelsteinen*

## Schmuck für jeden

Schmuck wurde im alten Ägypten von Armen und Reichen, Männern und Frauen, manchmal sogar von heiligen Tieren oder Haustieren reicher Besitzer getragen. Die einfachen Leute trugen Schmuck aus **farbiger Keramik** und **buntem Glas.** Wohlhabende Ägypter ließen sich Kostbarkeiten aus **Gold**, **Silber**, dunkelblauem **Lapislazuli**, rotem **Karneol** und blaugrünem **Türkis** herstellen. Gefertigt wurden Kopfschmuck, Ketten, Perlenkrägen, Ohrringe, Fingerringe, Arm- und Fußreifen.

© dalbera – flickr.com

*Anhänger eines Pektorals aus dem Schatz des jungen Pharaos Tut-Anch-Amun*

## Kostbare Pektorale für die Reichen und Mächtigen

Ein besonders auffälliges und kostbares Schmuckstück war das Pektoral, ein großer, aufwändig verzierter **Anhänger aus Gold und Halbedelsteinen**, der an einer Kette über der Brust getragen wurde. Das Pektoral war so schwer, dass am Rücken ein zweites Schmuckstück als Gegengewicht befestigt werden musste. Pektorale konnten sich nur Mitglieder der königlichen Familie und hohe Würdenträger leisten.

## Gold im Überfluss

In einem Grab fand man den goldenen Kopfschmuck einer Gemahlin Thutmosis' III. Das kostbare Geschmeide wog mehr als 2 Kilogramm! „In Ägypten", so schrieb ein asiatischer König zu dieser Zeit im Scherz, „besteht sogar der Straßenstaub aus purem Gold."

# Amulette – Schmuckstücke mit Zauberkraft

Arbeitsblatt (1)

*Die Ägypter trugen ihren Schmuck nicht nur, um das eigene Aussehen zu verbessern oder ihren Wohlstand zu zeigen. In die Schmucksstücke waren oft* ***magische Zeichen*** *eingearbeitet, die den Besitzer vor* ***Unglück bewahren*** *sollten. Auf diese Weise besaßen die Schmuckstücke nach der Vorstellung der alten Ägypter die magische Wirkung eines schützenden und Glück bringenden Amulettes.*

Diese Zeichen kannst du besonders häufig auf altägyptischen Schmuckstücken entdecken.

|  ☐ |  ☐ |  ☐ |  ☐ |  ☐ |
|---|---|---|---|---|
| **Anch-Kreuz „ewiges Leben"** | **Djet-Pfeiler „Beständigkeit"** | **Schen-Ring „Ewigkeit"** | **Udjat-Auge „Unversehrtheit"** | **Skarabäus „Auferstehung"** |

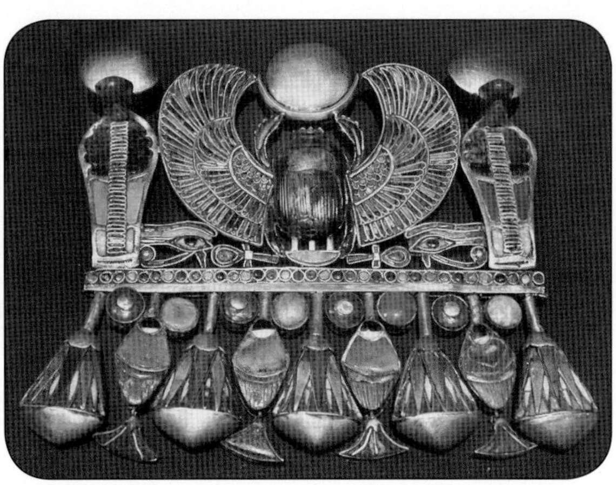

© dalbera – flickr.com

*Anhänger eines Pektorals aus dem Schatz des jungen Pharaos Tut-Anch-Amun*

## Aufgabe

In dem Anhänger des Pektorals aus dem Schatz des jungen Pharaos Tut-Anch-Amun sind magische Zeichen versteckt.

- Welche magischen Zeichen kannst du entdecken?
- Wie viele dieser magischen Zeichen sind in dem Schmuckstück verarbeitet?

Trage dein Ergebnis in die Tabelle ein.

# Amulette – Schmuckstücke mit Zauberkraft

Arbeitsblatt (2)

## Material

- goldene Prägefolie (etwa DIN-A5)
- weiche Unterlage (Teppichfliese oder Tischset)
- Kugelschreiber
- dicker Buntstift
- Lineal
- Schere
- Klebefilm
- Tonpapier
- Kopiervorlage mit Motiv

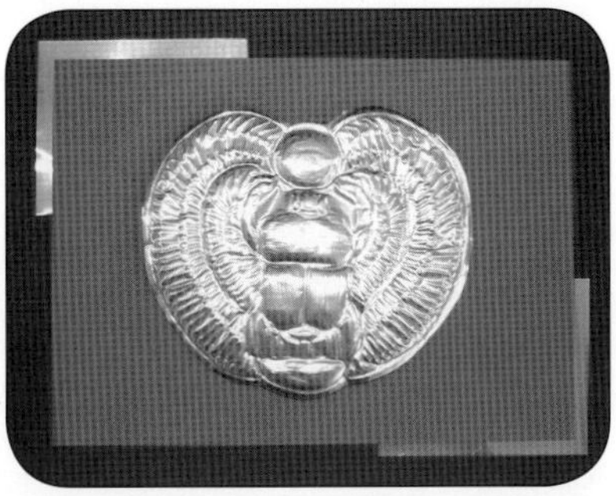

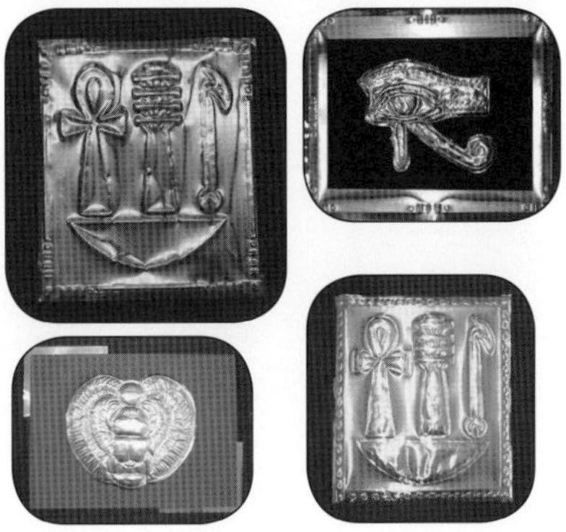

## Arbeitsschritte

- Wähle ein Amulett-Motiv aus, das dir besonders gut gefällt.
- Befestige es mit Klebefilm an allen vier Seiten auf der Goldfolie.
- Lege eine weiche Unterlage darunter.
- Fahre alle Linien sorgfältig mit einem Kugelschreiber nach.
- Präge die Flächen vorsichtig mit einem stumpfen Buntstift ein.
- Entscheide, ob du das Motiv ausschneidest oder nicht.
- Gestalte aus den Folienresten und Tonpapier einen passenden Rahmen.
- Schreibe den Namen und die Bedeutung deines magischen Zeichens auf ein Ausstellungskärtchen.
- Gestalte mit anderen Schülern eine kleine Ausstellung eurer Kunstwerke.

## Aufgaben

Stelle selbst eine Prägearbeit auf Goldfolie mit Motiven her, wie du sie bei ägyptischen Amuletten findest.

Arbeitsblatt (3)

## Motive für eine Prägearbeit auf Goldfolie

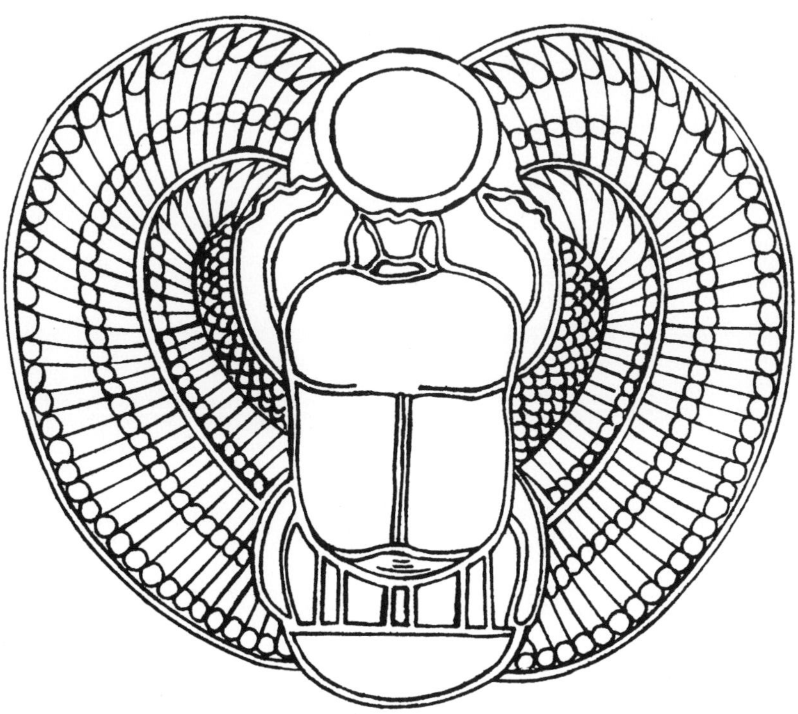

# Essen und Trinken

Infoblatt

*Für die Menschen im alten Ägypten bildete das Getreide die Grundlage der Ernährung. Daraus wurden Getreidebrei, Brot, süßes Gebäck und Bier hergestellt. Eine wichtige Rolle in der Ernährung der Bevölkerung spielten Hülsenfrüchte wie Linsen, Bohnen, Erbsen und Kichererbsen. Auch Gemüsesorten wie Kürbisse, Gurken, Kohl, grüner Salat, Lauch, Sellerie, Fenchel, Zwiebeln und Knoblauch waren in vielen Haushalten zu finden.*

*Die häufigsten Obstsorten waren Feigen, Datteln, Melonen, Weintrauben und Granatäpfel. Sie wurden roh verspeist, zum Süßen von Kuchen verwendet oder gepresst und mit Wasser vermischt getrunken. Fleischgerichte kamen bei den einfachen Leuten nur an Feiertagen auf den Tisch. Dann gab es meist Geflügel oder Fisch, Ziegen-, Schaf- oder Schweinefleisch. Rindfleisch und das zarte Fleisch gemästeter Antilopen, Gazellen oder Steinböcke konnten sich nur die wohlhabenden Familien leisten. Auch der Wein war der reichen Oberschicht vorbehalten. Gewürzt wurde mit Honig, Salz, Dill, Minze, Majoran, Thymian, Samen von Bockshornklee und Sesam, mit Koriander, Senfkörnern, Kreuzkümmel, Schwarzkümmel und Wacholderbeeren.*

*Beim Essen saß man meist auf Matten auf dem Boden. Getränke und Speisen standen auf Tabletts oder niedrigen Tischen. Als Geschirr dienten Teller, Schalen und Becher aus Ton. Besteck gab es nicht. Man aß mit den Fingern oder behalf sich mit Brotstücken.*

© PGI/Pierl

*Opfertisch mit Lebensmitteln*

© Joachim Willeitner

*Bedienung der Gäste bei einem Gastmahl*

# Essen und Trinken

Arbeitsblatt

*Mein Herr, der edle Rachmire, plant ein Festmahl mit vielen vornehmen Gästen. Nun füllen sich die Vorratskammern mit Nahrungsmitteln. Ich habe die Lieferungen sorgfältig verstaut. Ein Schreiber sollte die Warenliste überprüfen, doch er konnte diese seltsame Schrift nicht lesen. Es scheinen auch einige Zeichen zu fehlen. Was soll ich jetzt tun?*

**Obst, jeweils ein großer Korb:**

W e i n t _ _ _ _ _ _, _ a t t _ _ _, F _ _ _ _ _,
_ _ _ _ a t _ _ _ _ _, M _ _ _ _ _ _

**Gemüse, jeweils ein großer Korb:**

_ ü _ _ _ _ _ _, _ _ _ k e n, grüner S _ _ _ _, _ _ _ c h,
S e _ _ _ _ i e, K n o b _ _ _ _ _, Z _ _ _ _ _ _ _,
F _ _ _ _ _ _, _ o h _

**Hülsenfrüchte, jeweils ein kleiner Korb:**

_ i n _ _ _, K _ _ _ _ _ _ _ _ _ _ _, _ _ _ s e n,
B _ _ _ _ _

**Gewürze, jeweils ein Säckchen:**

_ e n f, S _ _ _ _, _ _ e u _ _ ü _ _ _ _,
K o _ _ _ _ _ _ _, S _ _ _

## Aufgaben

- Informiere dich über die Nahrungsmittel, die Menschen im alten Ägypten zu sich nahmen. Auf dem Infoblatt „Essen und Trinken" findest du wichtige Hinweise.
- Ergänze die fehlerhaften Warenbezeichnungen auf der Liste.
- Zeichne ein Bild von einem ägyptischen Gastmahl.

Geschichte aktiv!

# Rezepte für eine ägyptische Mahlzeit

Arbeitsblatt (1)

*Bereitet in der Klasse eine nahrhafte Mahlzeit aus Brot, Hülsenfrüchten, Gemüse und Obst zu. Ich verrate euch einige einfache, aber schmackhafte Rezepte mit Zutaten aus der Zeit der alten Ägypter. Jedes dieser Gerichte hat einen treffenden Namen, den ihr euch sicher leicht merken könnt.*
*Teilt euch zur Zubereitung der Speisen in Gruppen auf. Setzt euch auch zum Essen in Gruppen zusammen. Die Vorspeise, den Salat und die Nachspeise esst ihr von einem gemeinsamen Teller. Gegessen wird mit den Händen oder mit einem Stück Brot als „Besteck". Für das Hauptgericht bekommt jeder eine eigene kleine Schale und für das Getränk einen eigenen Becher.*

## Vorspeise: Das Lächeln der Isis

5 große Fladenbrote, 500 g weiche Kichererbsen aus der Dose, 2 Esslöffel Tahina (Sesamsoße),
4 Esslöffel Sesamsamen, 1 kleiner Becher Jogurt,
etwas Milch, einige Spritzer Knoblauchsoße,
Saft von ½ Zitrone, ½ Teelöffel Kreuzkümmel, Salz

- ☥ Sesamsamen in einer trockenen Pfanne leicht anrösten, bis sie hellbraun werden
- ☥ Kichererbsen in einem Sieb abwaschen, abtropfen lassen, mit einem Kartoffelstampfer zerdrücken
- ☥ Kichererbsenbrei mit Zitronensaft, Jogurt und Sesamsoße vermengen, soviel Milch dazugeben, dass eine cremige Masse entsteht
- ☥ die Kichererbsen-Creme mit Knoblauchsoße, Kreuzkümmel und Salz abschmecken
- ☥ für jede Gruppe einen Teller mit Kichererbsen-Creme herrichten
- ☥ Sesamsamen darüber streuen und dazu das geschnittene Fladenbrot zum Eintunken reichen

Geschichte aktiv!

# Rezepte für eine ägyptische Mahlzeit

Arbeitsblatt (2)

### Salat: Wach auf, müder Hirte!

5 Salatgurken, ½ Becher feingehackte frische Minze, 1 Zitrone, 1 großer Becher Naturjogurt (500 ml), 250 g Sahne, Salz

- Gurken schälen und in handliche Stücke schneiden
- für jede Gruppe einen Teller mit Gurkenstücken herrichten
- Jogurt in einer Schüssel mit der flüssigen Sahne verrühren
- Zitrone ausdrücken, Saft mit dem Jogurt verrühren
- mit Salz abschmecken
- die frische Minze dazugeben
- für jede Gruppe ein Schälchen mit der belebenden Jogurt-Minz-Tunke bereitstellen

### Hauptspeise: Die Stärkung der Rechtschaffenen

1 kg rote Linsen, 4 Karotten, 1 Stange Lauch, 1 kleiner Sellerie, 4 Zwiebeln, 200 g Butter, 4 Liter Gemüsebrühe, 1 Liter Milch, Salz, Pfeffer, etwas Zitronensaft

- rote Linsen über Nacht in Wasser einweichen
- Linsen in ein feinmaschiges Sieb geben, mit Wasser überbrausen und abtropfen lassen
- Karotten, Lauch und Sellerie putzen und klein würfeln
- Zwiebeln schälen und in kleine Würfel schneiden
- Butter im Topf schmelzen, Zwiebeln darin glasig dünsten
- Suppengrün dazugeben, kurz andünsten lassen
- Gemüsebrühe und Linsen dazugeben, aufkochen lassen
- Suppe bei mittlerer Hitze etwa 30 Minuten garen
- Suppe pürieren, Milch unterrühren
- alles einmal aufkochen lassen
- mit Salz, Pfeffer, Kreuzkümmel und Zitronensaft abschmecken
- in kleinen Schalen servieren

# Rezepte für eine ägyptische Mahlzeit

Arbeitsblatt (3)

**Nachspeise: Das Gold der Oasen**

Trauben, Melonen, frische Datteln, frische Feigen

- Trauben waschen und abzupfen
- Datteln halbieren und entkernen
- Feigen vierteln
- Melonen in handliche Stücke schneiden
- Obst für jede Gruppe auf einem Teller schön anrichten

**Fruchtcocktail: Verborgene Rubine**

weißer Traubensaft, Granatapfelsirup, vier Granatäpfel

- Granatäpfel einmal von oben nach unten aufschneiden (Vorsicht, da spritzt der rote Saft! Schürze umbinden!)
- die rubinroten Kerne in einer gefüllten Wasserschüssel aus der Schale lösen
- die Kerne sinken nach unten, der Abfall schwimmt oben
- Kerne mit viel Geduld säubern und in einer Schüssel sammeln
- Granatapfelkerne auf die Trinkbecher verteilen
- mit gekühltem Traubensaft auffüllen
- jeweils einen Esslöffel Granatapfelsirup dazugeben

# Die Hieroglyphenschrift

Infoblatt (1)

*Schon vor der Vereinigung von Ober- und Unterägypten durch den ersten Pharao Narmer gab es in Ägypten Schriftzeichen. Denn für die Verwaltung und den Handel war es notwendig, wichtige Informationen schriftlich festzuhalten und über größere Entfernungen weiterzuvermitteln. An die Wände der Tempel und Gräber wurden Texte für die Ewigkeit gemeißelt. Die Griechen nannten die Schrift der Ägypter deshalb „hieroglyphikos grammata", was „heilige Zeichen" bedeutet. Für die Ägypter war ich, Thot, der Erfinder der Schriftzeichen, die du heute als „Hieroglyphen" kennst. Ich möchte dir gerne die Schüler Pepi und Heku vorstellen. Da sie im Tempel zur Schule gehen, sind ihre Köpfe kahlgeschoren wie die der Priester. Beide wollen Schreiber werden und danach, genau wie ihre Väter, eine erfolgreiche Beamtenlaufbahn einschlagen. Doch das Erlernen der Hieroglyphenschrift ist sehr mühsam. Die zwei Knaben können dir erklären, warum.*

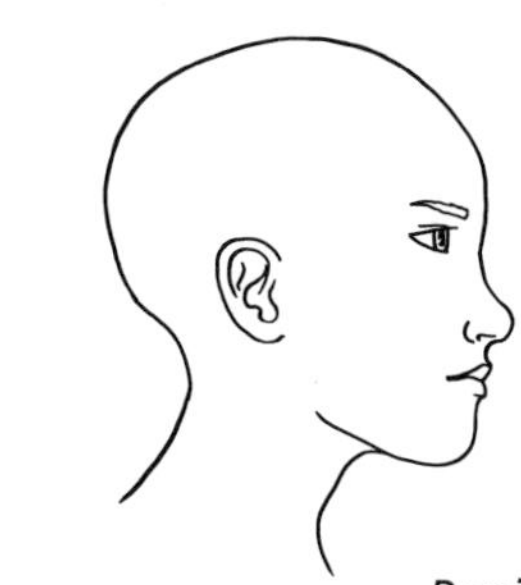

*Pepi*

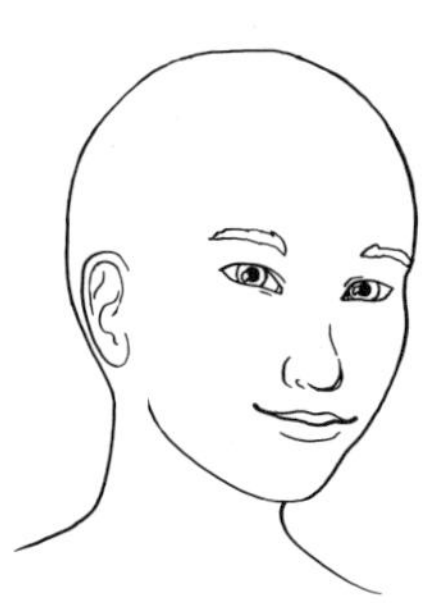

*Heku*

Es gibt in unserer Schrift **Bildzeichen**, die einen Gegenstand direkt darstellen. Wenn ich einen Kreis mit einem Punkt darin zeichne, dann bedeutet das „RE", das heißt „Sonne". Leider lassen sich nur Wörter für konkrete Dinge durch Bildzeichen eindeutig darstellen.

Du kannst aber auch Zeichen für die einzelnen Laute eines Wortes schreiben. Von diesen **Lautzeichen** gibt es nur 24 Stück, die sind schnell gelernt! Zum Beispiel 𓊪 für P, 𓏏 für T und 𓂋 für R. Da wir nur Konsonanten schreiben, würde der Name Petra also PTR geschrieben: 𓊪 𓏏 𓂋 Logischerweise muss ich den Namen Peter auch PTR schreiben: 𓊪 𓏏 𓂋 Damit es kein Durcheinander gibt, schreibe ich ein **Deutzeichen** dazu. Mit dem Deutzeichen „sitzende Frau" wird PTR als „Petra" gelesen: 𓊪 𓏏 𓂋 𓁐. Mit dem Deutzeichen „sitzender Mann" ist es der Name „Peter": 𓊪 𓏏 𓂋 𓀀. Es gibt einige solcher Deutzeichen. Mit dem Deutzeichen 𓊖 für „Stadt" kannst du die folgenden Städtenamen lesen, auch wenn ich nur die Konsonanten aufschreibe. Zum Beispiel: BRLN𓊖 , RM𓊖, MSK𓊖, PRS𓊖. Die Deutzeichen werden natürlich nicht gesprochen.

 ISBN 978-3-8346-0565-8

# Die Hieroglyphenschrift

Infoblatt (2)

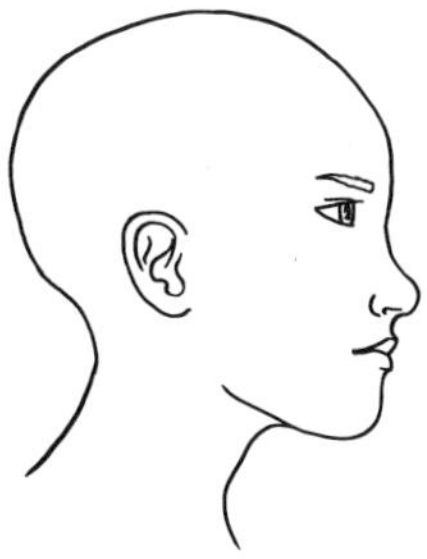

*Pepi*

Neben den Einkonsonantenzeichen gibt es Zeichen, die für mehrere Konsonanten stehen. Statt N und B kann ich schreiben, das wird „NEB" gelesen und bedeutet „Herrscher". Statt N , F und R schreibe ich und lese es „NEFER", das heißt „schön". Die **Mehrkonsonantenzeichen** sparen zwar Zeit beim Schreiben, man muss sich aber viel mehr Zeichen merken. Ich lerne im Moment die 250 häufigsten Mehrkonsonantenzeichen. Mein Lehrer sagt, dass zurzeit etwa 800 Schriftzeichen verwendet werden. Thot steh mir bei!

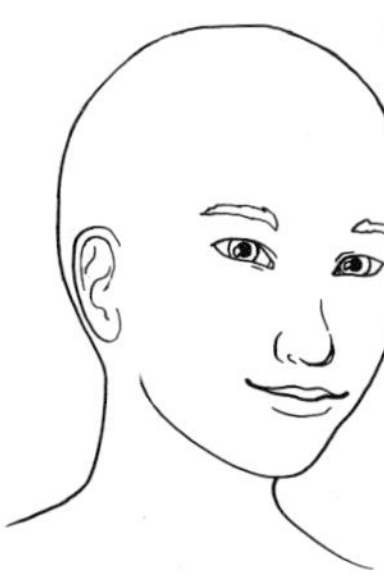

*Heku*

Hör auf zu jammern, mein Freund! Ich finde, das Schreiben geht noch. Viel schwerer ist das Lesen! Da muss man erst einmal herausfinden, wo ein Text beginnt, denn es gibt keine festgelegte **Schreibrichtung**. Eine kleine Hilfe ist, dass die Schriftzeichen, die wie Tiere oder Menschen aussehen, in die Richtung blicken, von der aus man mit dem Lesen beginnen muss. Abstände zwischen den Wörtern findest du genauso wenig wie ein Zeichen am Satzende. Thot hat dafür gesorgt, dass nur die Klügsten und Fleißigsten seine Kunst erlernen können!

# Die Hieroglyphenschrift

Arbeitsblatt

*Das Hieroglyphen-Alphabet soll dir helfen, deinen edlen Namen in Hieroglyphen zu schreiben. Keine Sorge, du musst dabei nicht unbedingt auf die Vokale verzichten. Die letzten Pharaonen Ägyptens waren griechischer Abstammung und verwendeten Hieroglyphen, die mit viel gutem Willen annähernd wie a, o, u, i und e klangen. Nun, mir hätte PTLMS und KLPTR auch gefallen. Ein kluges Köpfchen weiß schon, wer gemeint ist!*

## Tipp

Hier eine kleine Anleitung, wie du schwierige Hieroglyphen Schritt für Schritt schreibst:

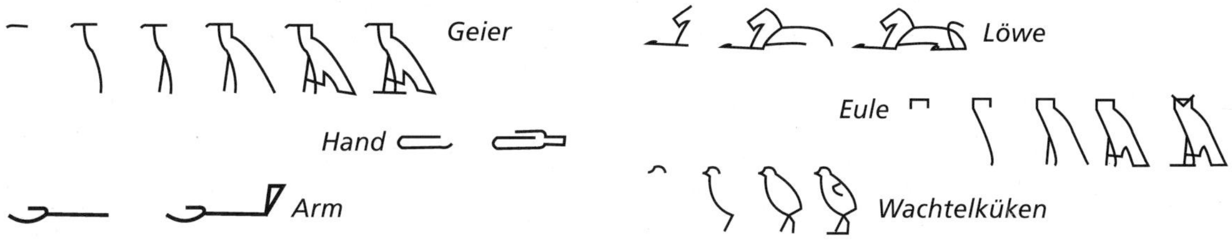


## Aufgabe

**1.** Versuche, deinen Namen in Hieroglyphenschrift zu schreiben. Am besten gehst du so vor:

- ☥ Suche für jeden Laut deines Namens ein passendes Hieroglyphenzeichen aus dem Alphabet heraus.
- ☥ Entscheide dich für eine Schreibrichtung: von links, von rechts oder von oben.
- ☥ Denke beim Schreiben daran, dass die Tierhieroglyphen zum Anfang des Wortes blicken.
- ☥ Setze das Deutzeichen  für weiblich und  für männlich hinter deinen Namen. Auch die Deutzeichen schauen zum Wortbeginn.
- ☥ Umrahme deinen Namen mit einer ovalen Seilschlaufe, deren Enden zusammengebunden sind. Das ist das Zeichen für Ewigkeit.

**2.** Tauscht eure Schreibversuche untereinander aus. Könnt ihr eure Namen gegenseitig lesen?

# Das Hieroglyphen-Alphabet

Arbeitsblatt

| | | | | | | | |
|---|---|---|---|---|---|---|---|
| Geier | **A** Anna | Arm | **Ä** Hägar | Bein | **B** Benno | Korb | **C** wie K Karlo |
| Brot, Riegel | **C** wie Z (TS) Cäcilie | Korb | **Ch** wie K Christa | Brot, Teich | **Ch** wie Tsch Charlie | Tierleib | **-ch** nach e oder i Michael |
| Sieb | **-ch** nach a, o, u Rachel | Hand | **D** Daniel | Arm | **E** wie E oder Ä Eva/Edgar | Hornviper | **F/V** wie F Fritz/Veit |
| Krugständer | **G** Gabi | Docht | **H** Hannes | Hofgrundriss | **-h** Dehnungs-h Sarah | Schilf | **I** Ines |
| Schilf, Schilf | **-ie** Marie | Schilf, Schilf | **J** Jutta | Hand, Teich | **J** wie Dsch Jim | Korb | **K** Klaus |
| Korb, Korb | **-ck** Nicki | Löwe | **L** Lilli | Eule | **M** Mario | Wasser | **N** Nina |
| Lasso | **O** Oliver | Lasso, Schilf | **Ö** Ödipus | Hocker | **P** Petra | Hornviper | **Ph** wie F Phillip |
| Böschung, Küken | **Qu** wie Kw Quentin | Mund | **R** Rita | Riegel | **S** Simon | Teich | **sch** Uschi |
| Teich, Brot | **St** wie Scht Stefan | Teich, Hocker | **Sp** wie Schp Spartakus | Brot | **T** Timo | Brot | **Th** wie T Thea |
| Küken | **U** Uli | Küken, Schilf | **Ü** Jürgen | Küken | **W/V** wie W Willi, Vera | Korb, Riegel | **X** wie Ks Xaver |
| Schilf | **Y** wie I Yvonne | Schilf, Schilf | **Y** wie J Yasmine | Küken, Schilf | **Y** wie Ü Lydia | Brot, Riegel | **Z/-tz** wie Ts/-ts Zita, Fritz |

# Erziehung und Ausbildung der Kinder

Infoblatt (1)

*Die Erziehung und Ausbildung der Kinder aus den unteren Bevölkerungsschichten erfolgte innerhalb der Familie. Etwa bis zum 10. Lebensjahr war hauptsächlich die Mutter für die Kindererziehung zuständig. Später erlernte der Sohn den Beruf des Vaters, indem er diesen bei der Arbeit unterstützte. Um die Ausbildung der Töchter kümmerte sich bis zu deren Heirat auch weiterhin die Mutter.*
*Eine Schulausbildung gab es nur für künftige Beamte und Priester, denn diese mussten in ihrem Beruf gut lesen, schreiben und rechnen können.*
*Mit etwa 20 Jahren war die Ausbildung eines jungen Mannes abgeschlossen. Damit war er in der Lage, eine eigene Familie zu gründen und für deren Unterhalt zu sorgen.*
*Prinzen und Prinzessinnen hatten eigene Erzieher. Am Königshof fand Unterricht statt, an dem auch die Kinder der Adeligen teilnahmen. Es wurden Schrift, Literatur, Mathematik und Geografie gelehrt. Um den Kronprinzen auf seine zukünftige Rolle als Pharao vorzubereiten, mussten zudem seine körperlichen Fähigkeiten ausgebildet werden. So übte er sich besonders im Gebrauch der Jagd- und Kriegswaffen. Ebenso wichtig war die Vorbereitung auf die religiösen Pflichten, die der König als oberster Priester des Landes zu erfüllen hatte.*

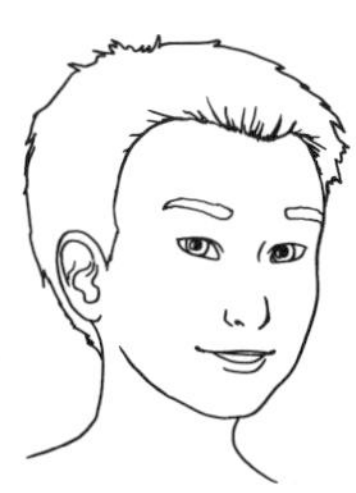

*Benja*

*Ich heiße Benja. Mein Vater ist Bauer. Ich begleite ihn auf das Feld und packe mit an, so gut es geht. Bei der Ernte muss ich zusammen mit meinen Schwestern und Brüdern den ganzen Tag auf dem Feld helfen.*

*Nefertem*

*Ich bin Nefertem, der Sohn des Töpfers Nefer. Mein Vater bringt mir alles bei, was ich für meinen späteren Beruf wissen muss. Auf meine ersten eigenen Tongefäße war ich sehr stolz. Das Anrühren der Glasuren und das Brennen der Tonwaren erfordert viel Wissen und Geschick. Ich muss noch einiges lernen, bis ich das Handwerk so gut verstehe wie mein Vater. Das hier ist meine kleine Schwester.*

# Erziehung und Ausbildung der Kinder

Infoblatt (2)

*Merit*

*Mein Name ist Merit. Ich helfe meiner Mutter im Haushalt. Sie ist eine kluge und schöne Frau. Sie lehrt mich alles, was für mein späteres Leben als „Herrin des Hauses", als Ehefrau und Mutter nützlich ist. Ich kann schon viele schmackhafte Gerichte zubereiten, ich kenne mich mit dem Einkauf und der Lagerhaltung aus, und ich weiß mich gut zu benehmen. Auch in der Gesundheits- und Schönheitspflege habe ich von meiner Mutter schon viel gelernt.*

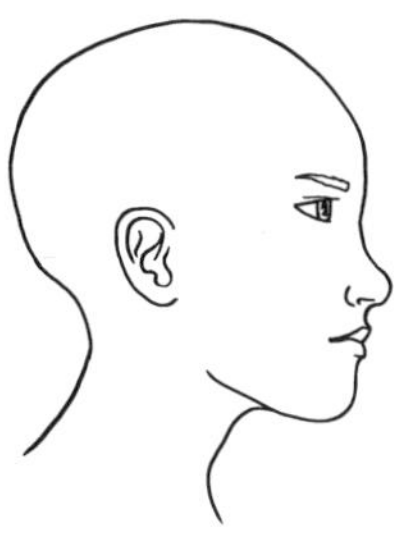

*Pepi*

*Ich bin Pepi, Sohn des Schreibers Cheti. Mein Vater wird nicht müde, den Beruf des Schreibers in höchsten Tönen zu loben. Er pflegt immer zu sagen: „Ein Schreiber leidet keine Not. Seine Schriftrollen sind wie ein Boot auf dem Wasser des Lebens. Der Beruf des Schreibers ist der höchste aller Berufe, es gibt nicht seinesgleichen auf Erden."*
*Seit meinem fünften Lebensjahr besuche ich die Schule. Sie befindet sich im Tempelbezirk, im „Haus des Lebens". Dort liest uns der Lehrer Texte vor, die wir Schüler nachsprechen und auswendig lernen. Täglich üben wir das Schreiben. Wir benutzen dazu Binsen und eine Schreibpalette mit Näpfchen für rote und schwarze Tinte. Anfangs schrieben wir nur auf Tonscherben und weiß getünchte Holztafeln. Nur die älteren Schüler bekommen gebrauchte Papyrusrollen, die vorher abgewaschen wurden, denn Papyrus ist ein ausgesprochen kostbares Schreibmaterial. Neben dem Lesen, Schreiben und Rechnen lerne ich auch Wissenswertes über mein Land, über seine Städte und die verschiedenen Landesteile, über Wüsten, Fruchtland und Bodenschätze und natürlich über den Nil. Wenn ich fleißig bin, ist meine Grundausbildung nach fünf Jahren abgeschlossen. Dass ich mir viel Mühe geben werde, ist klar, denn mein Lehrer ist sehr streng. Sein Lieblingsspruch lautet: „Das Ohr eines Schülers befindet sich auf seinem Rücken. Er hört erst dann richtig zu, wenn man ihn schlägt." Da bin ich lieber aufmerksam und behalte meine Ohren am Kopf!*

# Erziehung und Ausbildung der Kinder

Arbeitsblatt

**Die Kinder der Bauern**

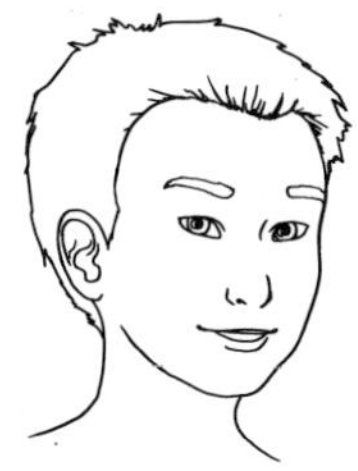

**Die Kinder der Handwerker**

**Die Kinder der Beamten und Schreiber**

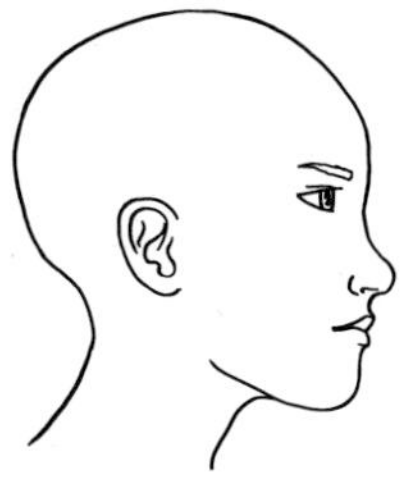

## Aufgabe

Lies die Erzählungen der Kinder auf den beiden Infoblättern, und notiere dir wichtige Informationen über die Unterschiede in der Erziehung und Ausbildung der verschiedenen Bevölkerungsgruppen.

# Lösungen (1)

## Die drei Jahreszeiten (Seite 13)

**Die Schutzgötter der ägyptischen Jahreszeiten**

*Die Wassermassen, die das Niltal einmal im Jahr überfluteten, stammten aus dem Bergland* Äthopiens*. Der Stern* Sirius *zeigte das neue Jahr und die bevorstehende Nilflut an. Die Ägypter unterschieden* drei *Jahreszeiten mit je* vier *Monaten. Danach folgten* fünf *Feiertage zu Ehren der Gottheiten Osiris,* Horus*, Seth,* Isis *und Nephtys.*

## Die Landwirtschaft (Seite 21)

Nach ägyptischem Recht gehörte dem **Pharao** das gesamte Land einschließlich aller Menschen, Tiere, Pflanzen und Gegenstände, die sich darauf befanden.
Freie Bauern, die eigenes Land selbständig bewirtschafteten, gab es kaum. Die Bauern lebten als **„Hörige"**. Sie mussten den Anweisungen, die sie von den Beamten des Pharao erhielten, Folge leisten.
Es gab große Landgüter, die von staatlichen Vorstehern geführt wurden. Von diesen bekamen die Bauern **Feldflächen,** Saatgut und **Zugtiere** zum Pflügen zugeteilt. Zur Erntezeit kamen die Aufseher und **Schreiber** des Vorstehers und notierten die Höhe des Ernteertrages.
Die Höhe der Abgaben orientierte sich am Wasserstand des Nils während der letzten Überschwemmung. Die Bauern behielten nur einen geringen Teil der Ernte für ihren **Eigenbedarf.** Der größte Teil der Ernte wurde in den staatlichen **Speichern** aufbewahrt. Bauern, die ihr Abgabesoll nicht erfüllten, erhielten **Stockhiebe**.
Getreide spielte im Alten Ägypten eine besondere Rolle, da es nicht nur zum Backen von Brot und zum Brauen von Bier, sondern auch als **Zahlungsmittel** diente.

# Lösungen (2)

## Bewässerungssysteme (Seite 24)

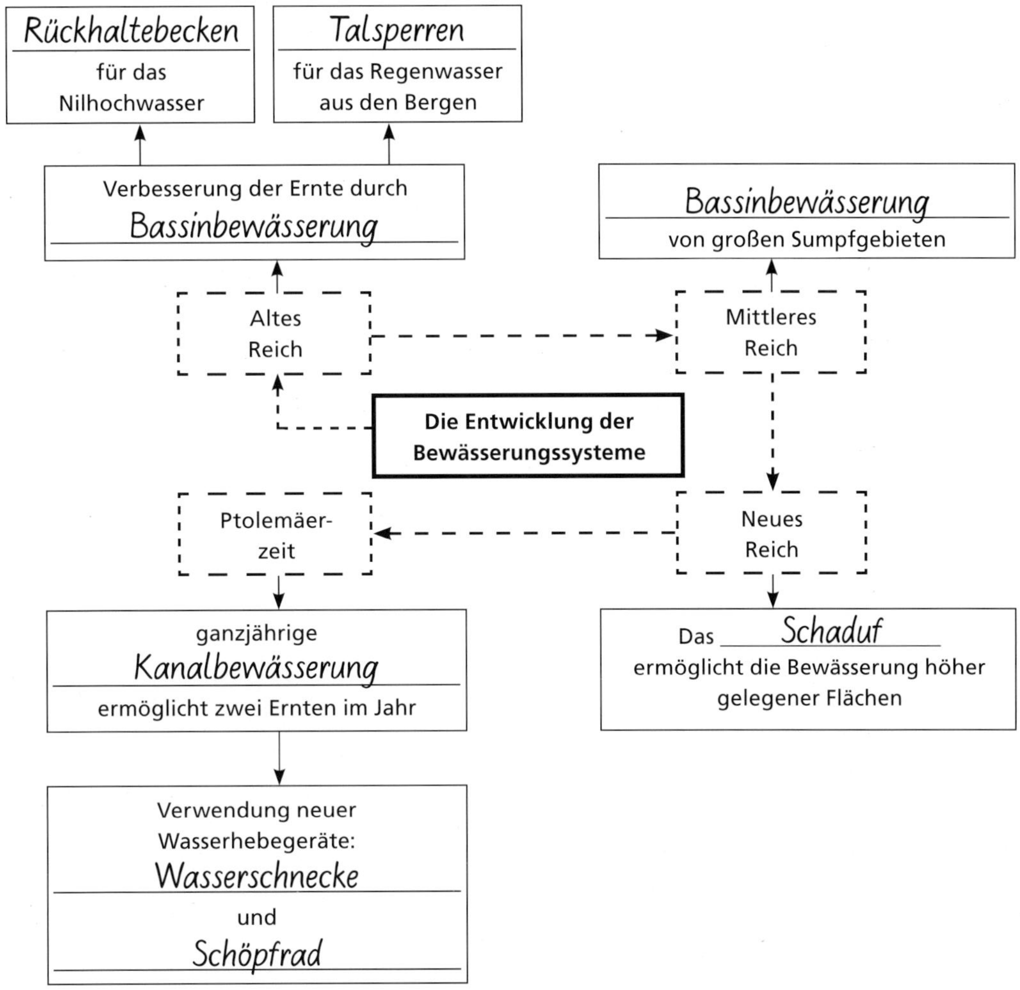


## Die ägyptische Gesellschaft (Seite 26)

# Lösungen (3)

## Die Insignien der Macht (Seite 35)

Wadjet, Kronengöttin Unterägyptens

Nechbet, Kronengöttin Oberägyptens

Nemes, Königskopftuch

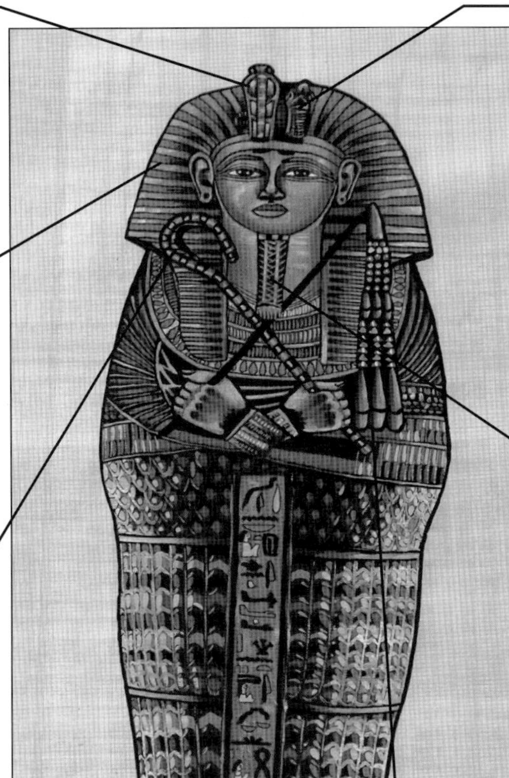

Königsbart

Heqat, Zepter in Form eines gekrümmten Hirtenstabes

Nechacha, Geißel als Symbol der Autorität

| | | | |
|---|---|---|---|
|  | **Descheret**<br>rote Krone, Symbol der Herrschaft über Unterägypten |  | **Hedjet**<br>weiße Krone, Symbol der Herrschaft über Oberägypten |
|  | **Sechemti**<br>Doppelkrone, Herrschersymbol über Ober- und Unterägypten | 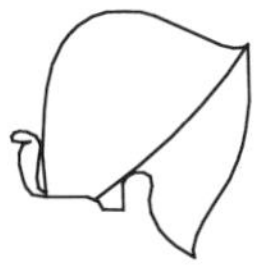 | **Chepresch**<br>blaue Krone, Kriegshelm des Pharaos |

## Von der Mastaba zum Weltwunder (Seite 39)

① M a s t a b a (1. und 2. Dynastie)

② Die S t u f e n pyramide des I m h o t e p (3. Dynastie)

③ Die drei Pyramiden des S n o f r u (4. Dynastie)

④ Pyramide von M ai d u m

⑤ K n i ckpyramide

⑥ R o t e Pyramide

⑦ Pyramide des Ch e o p s (4. Dynastie)

⑧ Pyramide des Ch e ph r e n (4. Dynastie)

⑨ Pyramide des M y k e r i n o s (4. Dynastie)

**Wie viele Fußballplätze passen auf die Grundfläche der Cheopspyramide?**

**Cheopspyramide:** 230 m x 230 m = 52 900 m²
**Fußballplatz:** 105 m x 70 m = 7 350 m²

Etwas mehr als 7 Fußballplätze passen auf die Grundfläche der Cheopspyramide: 52 900 m² : 7 350 m² ≈ 7,2

# Lösungen (5)

## Die Osiris-Legende (Seite 45)

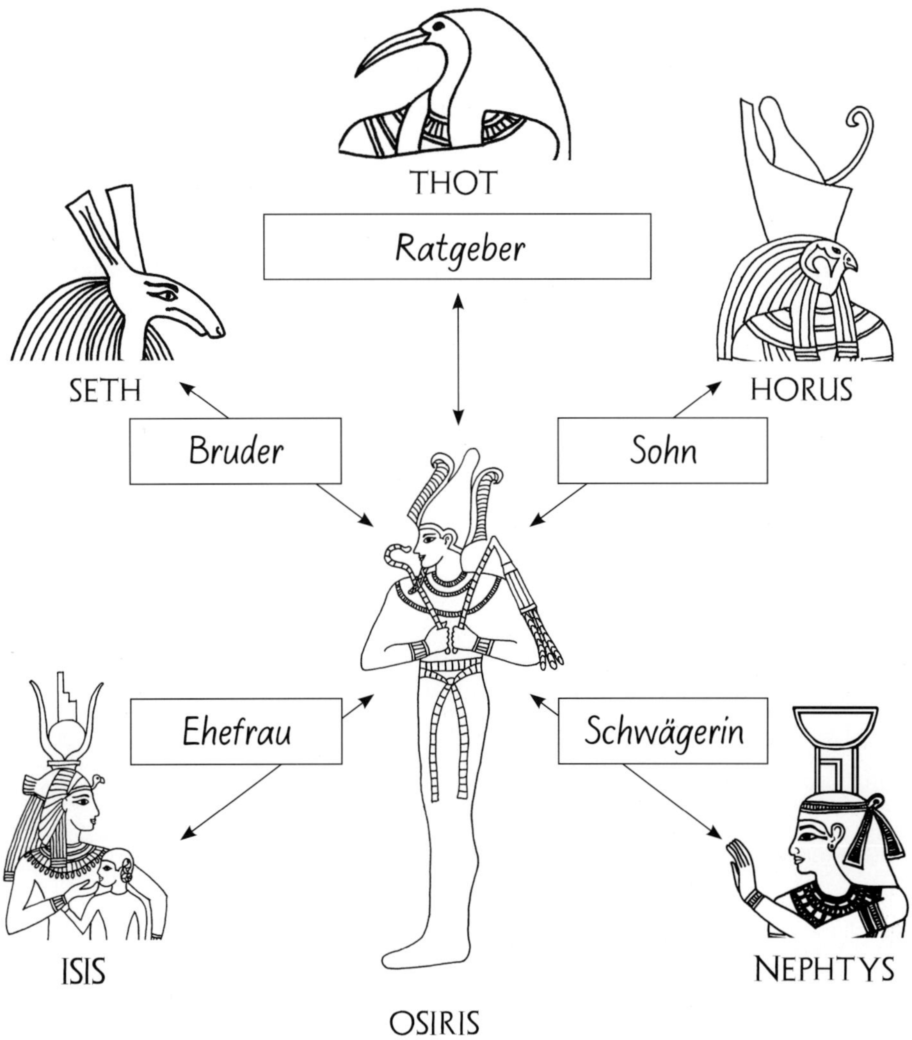


## Die Mumifizierung (Seite 48/49)

① Die Läuterung des Körpers
② Empfang im „Schönen Haus"
③ Die Entnahme der inneren Organe
④ Das Austrocknen des Körpers
⑤ Das Einbalsamieren
⑥ Das Bandagieren
⑦ Die Mumienmaske
⑧ Das Mundöffnungsritual

# Lösungen (6)

## Das Totengericht (Seite 51)

① Der Verstorbene versichert vor einem Tribunal aus 14 göttlichen Richtern, dass er sich keines Vergehens schuldig gemacht hat.

② Anubis führt den Verstorbenen zu einer großen Waage.

③ Das Herz des Verstorbenen wird gegen die Feder der Göttin Maat aufgewogen.

④ Das Ergebnis wird von Thot aufgezeichnet.

⑤ Hat der Verstorbene die Prüfung bestanden, wird er von Horus zu Osiris begleitet und darf ins Jenseits eingehen.

⑥ Ist das Herz des Verstorbenen von Missetaten beschwert, wird es von dem Ungeheuer Ammit verschlungen.

## Der Beruf des Schreibers (Seite 56)

| | | | | | | | | | | | | | | | | | |
|---|---|---|---|---|---|---|---|---|---|---|---|---|---|---|---|---|---|
| | 1 | S | C | H | R | E | I | B | E | R | | | | | | | |
| | | 2 | H | A | R | E | M | H | A | B | | | | | | | |
| 3 | H | O | L | Z | K | O | H | L | E | | | | | | | | |
| | | | | | 4 | R | O | T | | | | | | | | | |
| | | | | | | 5 | T | O | N | S | C | H | E | R | B | E | N |
| | | | | 6 | Ü | B | E | R | S | C | H | R | I | F | T | | |
| | | | | 7 | P | A | P | Y | R | U | S | | | | | | |

Der Schutzpatron der Schreiber hieß: **Imhotep**

## Die Entzifferung der Hieroglyphen (Seite 62/63)

Frage 1 = Antwort **S**
Frage 2 = Antwort **T**
Frage 3 = Antwort **E**
Frage 4 = Antwort **I**
Frage 5 = Antwort **N**

# Lösungen (7)

## Die ägyptischen Zahlen (Seite 66)

**53 876:**

**20 932:**

**74 808:**

- Die Addition mit altägyptischen Zahlen funktioniert im Prinzip, ist aber sehr langwierig und umständlich.
- Man kann bei Ergebnissen, die größer sind als 9 nicht mit Übertragsziffern arbeiten.
- Die modernen Ziffern und Zahlen lassen sich schneller schreiben. Das Stellenwertsystem erleichtert schriftliche Rechenverfahren erheblich.

## Die Papyruspflanze (Seite 68)

Gemüse, Boote, Körbe, Sandalen, Saft, Seile, Schreibblatt

## Die Herstellung von Papyrus (Seite 70)

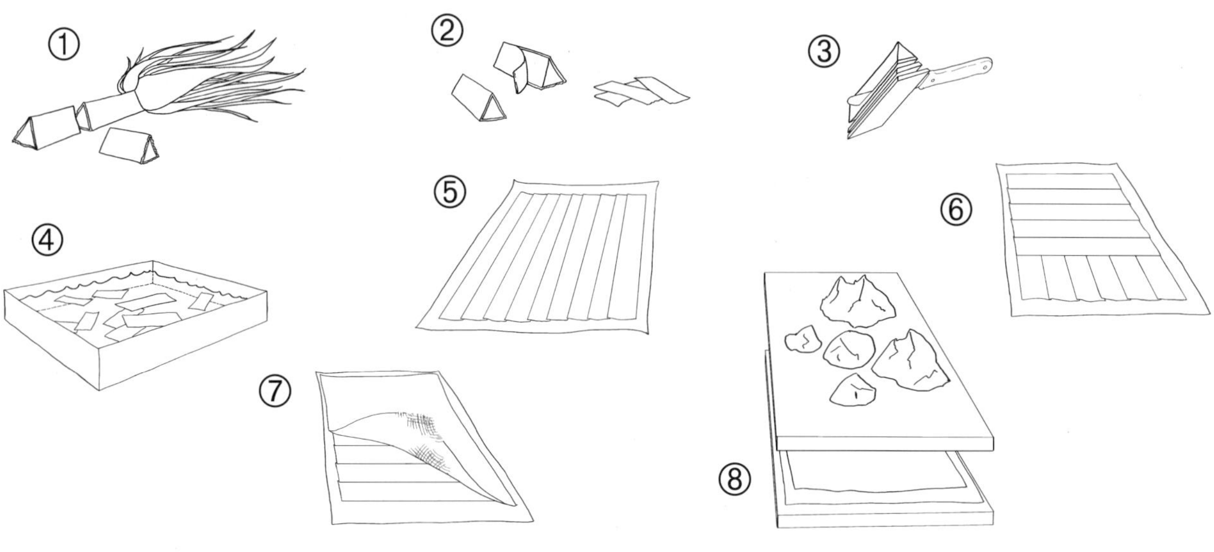

Fortsetzung von Seite 70

**1)** Die Papyrusstängel werden in Stücke geschnitten.
**2)** Die Stängelstücke werden geschält, um an das Papyrusmark zu kommen.
**3)** Das Papyrusmark wird in lange, dünne Streifen geschnitten.
**4)** Die Papyrusstreifen werden in Wasser eingeweicht.
**5)** Auf einem Tuch werden die eingeweichten Papyrusstreifen zu einer Fläche zusammengelegt.
**6)** Über die erste Fläche wird senkrecht zur ersten Lage eine zweite gelegt.
**7)** Das Papyrusblatt wird mit einem Leintuch abgedeckt.
**8)** Das Papyrusblatt zwischen den Leintüchern wird mehrere Stunden lang gepresst.

## Die Erziehung und Ausbildung der Kinder
(Seite 73)

**Die Kinder der Bauern:**
Heku hilft seit etwa dem 10. Lebensjahr seinem Vater bei den landwirtschaftlichen Arbeiten. Er geht nicht zur Schule und wird später ebenfalls Bauer werden.

**Die Kinder der Handwerker:**
Neferetem erlernt seit etwa dem 10. Lebensjahr das Töpferhandwerk von seinem Vater. Seine Schwester Merit wird von der Mutter auf ihre zukünftige Rolle als Hausherrin und Ehefrau vorbereitet: Einkaufen, Kochen, Gesundheits- und Schönheitspflege. Beide gehen nicht zur Schule.

**Die Kinder der Schreiber und Beamten:**
Pepi besucht seit dem 5. Lebensjahr die Schule. Er lernt lesen, schreiben und rechnen. Auch in Geografie wird er unterrichtet. Nach fünf Jahren ist seine Grundausbildung abgeschlossen. Wie sein Vater wird er später den Beruf des Schreibers ausüben.

## Amulette – Schmuckstücke mit Zauberkraft
(Seite 78)

Anch-Kreuz: **2**
Djet-Pfeiler: **0**
Schen-Ring: **0**
Udjat-Auge: **2**
Skarabäus: **1**

## Essen und Trinken (Seite 82)

**Obst, jeweils ein großer Korb:**
Weintrauben, Datteln, Feigen, Granatäpfel, Melonen

**Gemüse, jeweils ein großer Korb:**
Kürbisse, Gurken, grüner Salat, Lauch, Sellerie, Knoblauch, Zwiebeln, Fenchel, Kohl

**Hülsenfrüchte, jeweils ein kleiner Korb:**
Linsen, Kichererbsen, Erbsen, Bohnen

**Gewürze, jeweils ein Säckchen:**
Senf, Sesam, Kreuzkümmel, Koriander, Salz

# Literatur- und Linktipps

## Literatur für Kinder und Jugendliche

*Reichhardt, Hans:*
**Was ist was?**
Band 61, **Pyramiden.**
Tessloff, 1999.
ISBN 978-3-7886-0401-1

*Kurth, Dieter:*
**Was ist was?**
Band 70, **Das alte Ägypten.**
Tessloff, 2000.
ISBN 978-3-7886-0410-3

*Germer, Renate u.a.:*
**Was ist was?**
Band 84, **Mumien aus aller Welt.**
Tessloff, 2006.
ISBN 978-3-7886-0424-0

*Koenig, Viviane:*
**Das Leben der Kinder im alten Ägypten.**
Knesebeck, 2006.
ISBN 978-3-8966-0335-7

*Tyldesley, Joyce:*
**Mumien und Pyramiden.**
arsEdition, 2007.
ISBN 978-3-7607-2820-9

## Literatur für Erwachsene

**Ägyptomanie** (Zeitschrift)
96 reich illustrierte Ausgaben zu vielfältigen Themenfeldern Altägyptens. Erhältlich beim PGI-Versand.

*Booth, Charlotte:*
**Reiseführer in die Welt der Antike.**
Das alte Ägypten.
Theiss, 2009.
ISBN 978-3-8062-2288-3

*Bresciani, Edda:*
**An den Ufern des Nils – Alltagsleben zur Zeit der Pharaonen.**
Theiss, 2002.
ISBN 978-3-8062-1655-4

## Linktipps

**www.meritneith.de**
Vielfältige Informationen über das antike Ägypten und seine Pharaonen, Götter, Hieroglyphen mit Literaturangaben und einem Rätsel.

**www.selket.de**
Hier gibt es Informationen über die Götter und Pharaonen des alten Ägypten. Der Alltag, die Hieroglyphen und der Totenkult im alten Ägypten gehören ebenso dazu wie das Phänomen der Ägyptomanie.

**www.aegypten-online.de**
Der Ägypten-Online-Reiseführer zu Land und Leuten, Ägyptenreisen, Religion und zur ägyptischen Geschichte.

**www.pgi-shop.de**
PGI „Kunst der alten Hochkulturen" bietet Materialien für den Unterricht zum alten Ägypten, zum Beispiel eine Materialbox zur Herstellung von Papyrus, eine Malbox zu ägyptischen Gottheiten u.v.m.

Die in diesem Werk angegebenen Internetadressen haben wir geprüft (November 2011). Da sich Internetadressen und deren Inhalte schnell verändern können, ist nicht auszuschließen, dass unter einer Adresse inzwischen ein ganz anderer Inhalt angeboten wird. Wir können daher für die angegebenen Internetseiten keine Verantwortung übernehmen.